Mindfulness
Atenção plena

Emiliano Lambiase e Andrea Marino

Mindfulness
Atenção plena

Alcançar a consciência de si

**Dados Internacionais de Catalogação na Publicação (CIP)
(Câmara Brasileira do Livro, SP, Brasil)**

Lambiase, Emiliano
  Mindfulness : atenção plena : alcançar a consciência de si /
Emiliano Lambiase e Andrea Marino ; [tradução Dayana Loverro].
-- São Paulo : Paulinas, 2018. -- (Coleção psicologia e espiritualidade)

Título original: Mindfulness : raggiungere la consapevolezza di sé

Bibliografia.

ISBN 978-85-356-4419-7

1. Atenção plena 2. Autoconsciência 3. Espiritualidade 4.
Meditação I. Marino, Andrea. II. Título. III. Série.

18-16637   CDD-158.12

Índice para catálogo sistemático:
1. Mindfulness : Meditação : Psicologia aplicada 158.12
Maria Paula C. Riyuzo - Bibliotecária - CRB-8/7639

1ª edição – 2018
1ª reimpressão – 2023

Título original da obra: *Mindfulness: Raggiungere la consapevolezza di sé*
© 2017, Edizioni San Paolo s. r. l. Piazza Soncino 5-20092 Cinisello Balsamo
(Milano) - Italia www.edizionisanpaolo.it

Direção-geral: *Flávia Reginatto*
Editora responsável: *Andréia Schweitzer*
Tradução: *Dayana Loverro*
Copidesque: *Mônica Elaine G. S. da Costa*
Coordenação de revisão: *Marina Mendonça*
Revisão: *Ana Cecilia Mari*
Gerente de produção: *Felício Calegaro Neto*
Capa e diagramação: *Tiago Filu*
Imagem de capa: *Fotolia – @igorsinkov*

Nenhuma parte desta obra poderá ser reproduzida ou transmitida por qualquer forma e/ou
quaisquer meios (eletrônico ou mecânico, incluindo fotocópia e gravação) ou arquivada em
qualquer sistema ou banco de dados sem permissão escrita da Editora. Direitos reservados.

Paulinas
Rua Dona Inácia Uchoa, 62
04110-020 – São Paulo – SP (Brasil)
Tel.: (11) 2125-3500
http://www.paulinas.com.br
editora@paulinas.com.br
Telemarketing e SAC: 0800-7010081
© Pia Sociedade Filhas de São Paulo – São Paulo, 2018

Sumário

Prefácio 7

Introdução 11

1

Elementos de base e técnicas de *mindfulness* 17
1. A história..17
2. O que é a *mindfulness*...................................24
3. A técnica da *mindfulness*...............................39
4. O que a *mindfulness* não é... 54
5. Provas de eficácia 57

2

A *mindfulness* como atitude e estilo de vida 67
1. A *mindfulness* como atitude..........................72
2. O problema comum 76
3. Tipos de prática de *mindfulness*.....................79
4. A *mindfulness* na vida 84

3

Mindfulness e autocompaixão.............................105
1. Autoestima 106
2. A autocompaixão...119
3. Autoestima e autocompaixão: duas construções em diálogo.....122
4. Autocompaixão e *mindfulness*......................131

4

Mindfulness e a oração cristã..........139
1. *Mindfulness* e a Palavra de Deus..........141
2. *Mindfulness* e a meditação..........144
3. *Mindfulness* e a oração contemplativa 148

5

Experiências de *mindfulness* e oração..........163
1. Práticas de *mindfulness*..........163
2. Práticas de *mindfulness* compassiva 176
3. *Mindfulness* e a oração 186
Conclusões 195

Apêndice

Oração contemplativa e meditação oriental
segundo a Igreja Católica..........201

Referências 213
Bibliografia citada..........213
Bibliografia mínima recomendada 228

Prefácio

Vivemos atualmente em uma sociedade "incessante", sempre ativa e cada vez mais incapaz de se desligar da tomada, sempre digitando, compartilhando, perdendo o sentido da diferença entre dia e noite, entre dia útil e feriado, entre casa e escritório, entre real e virtual. Vivemos em uma sociedade em que a voracidade das conexões parece proporcional somente à incapacidade de estar sozinho e sem fazer nada.

Nessa sociedade, a procura por fortes emoções tornou-se uma necessidade para fugir do tempo gasto consigo mesmo, e a tecnologia se transforma em um instrumento formidável para entrar em um mundo repleto de promessas, como o digital.

Porém, tais relações são cada vez menos reais e humanas e cada vez mais tecnomediadas, isoladas, seja do próprio corpo, seja do corpo do outro, e assim se cria o paradoxo de sermos privados justamente do meio necessário para experimentar autenticamente as emoções e trazê-las conosco, mesmo quando termina a experiência que estamos vivenciando.

Nas relações tecnomediadas é necessária a contínua utilização do instrumento a fim de que exista a experiência e a emoção que se produz: esse instrumento é a tecnologia digital, e não a pessoa.

Na ótica das transformações cada vez mais "digitais", porém, estamos dando sempre maior espaço ao nosso lado "animal", centrado nas emoções e em sua busca, incapaz de distinguir entre desejos e emoções, o que nos leva a estarmos concentrados somente em nós mesmos. Estamos reduzindo progressivamente nossa capacidade de entrar realmente em contato com o outro (definida como intersubjetividade) e com o mundo dos valores (a capacidade e a necessidade próprias do homem, em relação aos outros animais, de dar sentido às experiências que vive).

Os nossos valores estão transformando cada vez mais nossas emoções, e os outros estão se reduzindo a "instrumentos" para satisfazer nossa necessidade de nos sentirmos conectados. Nada disso, entretanto, realmente nos realiza, porque não envolve verdadeiramente as necessidades relacionais e de sentido típicas do homem, e também porque nos priva do corpo, instrumento primário da relação (hoje substituído pela tecnologia digital).

A solução disponibilizada pela tecnologia digital e abraçada pela sociedade contemporânea é a de multiplicar e acelerar as conexões, de modo que se consiga correr sobre as águas das nossas emoções sem se afogar. Moderna ilusão de um milagre.

A *mindfulness* é um possível antídoto para esse incessante desvio do progresso cultural e tecnológico, ao nos convidar a entrar nos nossos corpos, a dar sentido a cada momento de nossas vidas e a não correr para passar ao próximo; impulsiona-nos a sermos nós mesmos, a darmos valor àquilo que observamos através do nosso olhar e a não buscarmos devorar o que temos à frente para nos apropriarmos; convida-nos a deixarmos que o mundo flua, para separarmos um tempo para e com nós mesmos, sem desejar ter o controle sobre tudo aquilo que muda ao nosso redor.

A *mindfulness* é um convite a sermos humanos, a aceitarmos nossa natureza sem desejar mudá-la continuamente utilizando próteses de qualquer tipo, com a finalidade de expandir as possibilidades e superar os limites físicos e psicológicos.

A *mindfulness* nos lembra de que, na relação com o outro, ambos somos importantes, e não o instrumento em meio a nós. E que quanto mais instrumentos colocamos no meio, menos autêntica e real é a relação. Portanto, leva-nos a entrar verdadeiramente na relação com o outro. Verdadeiras. Somente relações desse tipo – com os outros, com nós mesmos e com o mundo – poderão realmente nos dar satisfação e nos acompanhar também nos momentos de solidão, preenchendo-os daquelas lembranças que poderão torná-los até mesmo agradáveis, se não necessários.

A *mindfulness*, porém, mesmo sendo um instrumento absolutamente científico e laico, foi introduzida na psicologia por praticantes de disciplinas orientais como o budismo e o zen, em sua maioria, e, portanto, foi considerada negativamente pelos praticantes de outros tipos de religiões ou tradições espirituais.

Em seu livro, Emiliano Lambiase e Andrea Marino mostram não só quais as vantagens da utilização da *mindfulness* – entendida seja como técnica, seja como atitude –, mas também de que forma sua prática pode melhorar a própria relação com a oração e a adesão aos valores que a fé cristã ensina, dissipando assim um tabu e tranquilizando aqueles que, por medo, nunca se aproximaram dessa abordagem. Evidenciaram não só como essa integração é possível, mas como as bases da *mindfulness* são já presentes na Escritura e nas tradições contemplativas que começaram a se desenvolver desde então. Não se trata, portanto, de uma integração propriamente, mas de uma redescoberta daqueles elementos psicológicos presentes na tradição contemplativa cristã, com a finalidade de poder treiná-los e desenvolvê-los conscientemente.

A presente publicação, portanto, alcança o duplo objetivo de introduzir a *mindfullness* e utilizá-la no interior da espiritualidade cristã. E como contribuição introdutiva, é indicada a quem deseja se aproximar dessa abordagem para compreender o valor de um eventual aprofundamento seguinte, com a finalidade de crescer humana e espiritualmente.

Tonino Cantelmi
Professor de Cyberpsicologia,
Universidade Europeia de Roma
Professor de Psicopatologia,
Pontifícia Universidade Gregoriana, Roma

Introdução

Vivemos na era da distração e da velocidade, e da intolerância a qualquer forma de sofrimento, ainda que mínima. Vários fatores contribuíram para essas atitudes, como o rápido e penetrante desenvolvimento tecnológico que nos levou a viver em uma época definida como *tecnolíquida* (CANTELMI, 2013), em que a tecnologia digital permitiu alcançar lugares e pessoas distantes, satisfazer múltiplos desejos, mudar continuamente e quase à vontade gostos, amizades, interesses, atividades e objetos. E, muitas vezes, fazer tudo isso ao mesmo tempo.

Essas possibilidades nos tornaram intolerantes ao tédio, ao desconforto, à repetição constante e natural da vida, ao momento presente por aquilo que é. Levou-nos a desejar sempre coisas novas e a não aceitar os limites – nossos, dos outros e da realidade –, procurando mudar constantemente aquilo que não nos agrada ou encontrar satisfação na realidade através da tecnologia.

É mesmo uma verdadeira reviravolta antropológica.

Devemos admitir que contribuímos para isso por um longo período também no âmbito psicológico e psicoterapêutico, cada vez mais voltados a buscar um aumento da autoestima fundado no fazer, no obter e no conseguir; cada vez mais focados na eliminação da dor, ainda que faça parte da experiência humana frequentemente nos sentirmos impotentes – seja nós, seja os pacientes –, quando não conseguimos cumprir essa tarefa impossível; cada vez mais empenhados em ajudar as pessoas a suportar ritmos e atividades de trabalho e de vida gradativamente desumanizantes; e a melhorar as competências comunicativas com a finalidade de tornar as relações sempre mais hábeis e eficazes.

Mas a natureza humana não parece querer submeter-se a esses jogos e, progressivamente, emergiram os limites dessas atitudes. A cultura e a sociedade estão repletas de exemplos desse desvio, assim como a psicoterapia se deparou com a necessidade de inserir, de modo formal e estruturado nos próprios programas de tratamento, atitudes ou habilidades como a autoaceitação, a autocompaixão, o perdão, a contemplação e a *mindfulness*, encontrando sempre mais pontos de encontro com as tradições espirituais e religiosas, ainda que em chave laica.

Neste livro apresentaremos um desses instrumentos: a *mindfulness*, uma estratégia que consiste no uso intencional, consciente, focado e sem julgamentos – pelo contrário, acolhedor – da atenção, diferentemente da utilização que fazemos dela na vida cotidiana, sempre mais distraída e inconsciente, guiada pelo dito "piloto automático" e orientada a confrontar e a exprimir avaliações e juízos.

A *mindfulness* foi inserida cada vez mais frequentemente no núcleo dos percursos terapêuticos e sempre são impressas novas publicações sobre ela. Às vezes é proposta como uma fácil panaceia para tudo. Mas veremos que não é exatamente assim: toda atividade tem as suas dificuldades em sua prática e na obtenção dos resultados desejados, assim como quase todas as coisas valorosas na vida.

Em particular, neste trabalho analisaremos a ligação entre a *mindfulness* e a tradição espiritual cristã. Com efeito, nos ocorreu encontrar com frequência pacientes que tiveram temor de aproximar-se desta prática, considerando-a quase herética, distante da própria espiritualidade, fundada sobre visões da vida e do homem, mas contrárias à própria visão. Se, de um lado, é verdade que os pioneiros da *mindfulness* e muitos de seus apreciadores e professores praticam o budismo e fazem referência a ele em suas publicações, é também verdade que, em sua base, a *mindfulness* é uma técnica laica, que em si não é ligada a nenhuma religião ou tradição espiritual e, portanto, pode ser integrada a qualquer abordagem e visão da vida.

De fato, verificamos que nos pacientes que nos seguiram nessa aventura, além das mudanças no âmbito humano, seja em termos de crescimento, seja na redução da sintomatologia, houve melhora também na aproximação com a fé – no caso específico, a católica – e com as práticas religiosas.

Dividimos o volume em cinco capítulos, apresentando aqueles que nos pareceram os elementos mais importantes para que o leitor compreenda a importância e as possibilidades da *mindfulness* e de sua integração com a oração.

No primeiro capítulo buscamos definir a *mindfulness*, expomos brevemente sua história e seus âmbitos de aplicação, e explicamos seu lado técnico, fundado sobre a utilização de algumas práticas formais e informais, eventualmente organizadas em modelos estruturais voltados à obtenção de resultados específicos – como a Redução de Estresse Baseada em *Mindfulness* [*Mindfulness-Based Stress Reduction* – MBSR] (para a ansiedade e o estresse) e a Terapia Cognitiva Baseada em *Mindfulness* [*Mindfulness-Based Cognitive Therapy* – MBCT] (para as recaídas da depressão) –, algumas vezes inseridas em verdadeiros modelos psicoterapêuticos – como a Terapia Comportamental Dialética [*Dialectical Behavior Therapy* – DBT] ou a Terapia de Aceitação e Compromisso [*Acceptance ad Commitment Therapy* – ACT] –, ou ainda outras vezes inseridas no próprio modo e na abordagem terapêuticos, quaisquer que sejam.

A *mindfulness*, porém, tem também uma segunda alma além da técnica, que apresentamos no segundo capítulo. Contém em si, verdadeiramente, uma série de ensinamentos de vida, de posturas existenciais, de modos de relacionar-se com nós mesmos, com os outros e com a realidade. Nesse sentido, não é somente uma técnica, mas um posicionamento de vida, intrinsecamente relacional. O aspecto técnico e o posicionamento em relação à vida são conectados e inseparáveis, dando força e sentido um ao outro. Uma prática sem um horizonte de sentido resultaria em um exercício estéril, e uma atitude sem um treino de base que a alimente e a reforce permaneceria uma boa intenção e nada mais.

No terceiro capítulo aprofundamos um dos pontos de vista que caracterizam a *mindfulness*, que são favorecidos e incrementados pela sua utilização, e que também se aproximam muito do ensinamento evangélico: a autocompaixão, o pressuposto necessário para poder amar o próximo (cf. Mc 12,31).

No quarto capítulo descrevemos as tradições espirituais e das orações cristãs, passadas e presentes, que oferecem pontos de contato com a técnica da *mindfulness* e com os seus ensinamentos de vida. A *mindfulness*, no que se refere ao seu aspecto técnico, pode ajudar a treinar as habilidades de base necessárias para se conseguir viver em plenitude as próprias práticas espirituais, podendo adentrá-las e vivê-las com presença e consciência (por exemplo, ter uma posição de recolhimento por certo período de tempo, manter a mente quieta sem deixar-se distrair com pensamentos ou eventos que nos circundam, acolher aquilo que acontece sem exprimir juízos). Pode ser considerada como o exercício das habilidades necessárias para atravessar a porta que separa o compartimento da vida e das atividades cotidianas daquele da vida espiritual e da oração, ao invés de permanecer na metade, à porta, procurando fazer uma coisa pensando em outra (sem contar as vezes nas quais procuramos fazer e pensar em ambas). Em última análise, pode ser considerada também como um exercício para as qualidades humanas "evangélicas" que frequentemente somos convidados a praticar, como, por exemplo, amar a si mesmo e ao próximo, não julgar, sermos misericordiosos, perdoar, estimarmos uns aos outros.

Por fim, no quinto capítulo sugerimos algumas experiências práticas de *mindfulness*, de *mindfulness* compassivo, de aplicação da *mindfulness* à oração e de experiências de oração cristã semelhantes à própria *mindfulness*. No que se refere aos dois primeiros pontos, trata-se de uma aproximação ortodoxa à *mindfulness*, bem presente na literatura científica (cf. AMADEI, 2013; KABAT-ZINN, 2008, 2010; MONTANO, 2009; PENMAN e WILLIAMS, 2016; SIEGEL, 2012; para a *mindfulness* compassiva, cf. GERMES, 2009, GILBERT, 2014, NEFF, 2009).

Ainda no que se refere às formas de oração alinhadas com a *mindfulness*, trata-se de experiências já aconselhadas por outros mestres de espiritualidade. As sugestões relacionadas à aplicação da *mindfulness* à oração são, porém, nossa proposta criativa, a ser considerada como um experimento ainda em seu curso de realização e que decidimos compartilhar com os leitores.

Somos conscientes de que, em vista da quantidade de assuntos tratados, não conseguiremos esgotá-los nem fornecer ao leitor todos os instrumentos necessários para praticá-los como um *expert*. Para tal, provavelmente não bastaria nem mesmo um livro mais amplo, mas seriam necessários mais livros. Consideramos nossa contribuição uma introdução à *mindfulness*, para ajudar o leitor a compreender em que consiste e quais são as suas potencialidades, bem como sua aplicação à vida espiritual, em todas as práticas nas quais se exprime, das mais contemplativas às mais ativas, como nos ensina a experiência de Marta e Maria de Betânia, que nos transmite a necessidade de sabermos ser presentes amorosamente desde as pequenas coisas, sejam da vida ativa, sejam da vida contemplativa.

1

Elementos de base e técnicas de *mindfulness*

Por Andrea Marino

"Vive para sempre aquele que vive no presente"
(Ludwig Wittgenstein).

1. A história

Vivemos em uma época frenética, conflituosa e paradoxal, focada cada vez mais nas emoções e na satisfação destas, e, ao mesmo tempo, cada vez mais isolada pelo uso crescente e difuso da tecnologia digital. Em razão dessas dinâmicas, como seres humanos, estamos perdendo progressivamente o contato com nossa natureza e uns com os outros. Não conseguimos mais encontrar um modo e um tempo para estar conosco mesmos, para encontrar os outros e para habitar de fato os lugares onde frequentamos e passamos. Temos cada vez mais dificuldade em realizar aquilo que é típico e unicamente humano, isto é, a capacidade de estar em íntima relação com os outros e dar sentido às nossas ações e às nossas vidas.

Em uma época como esta, está ganhando cada vez mais importância a capacidade de ser e estar, conscientemente, no presente, a fim de restabelecer um contato autêntico com a experiência. E é disso que trataremos neste capítulo e em todo o livro. A *mindfulness*, de fato, é uma estratégia e ao mesmo tempo uma conduta de vida que tem o objetivo de nos ajudar a entrar em contato, no aqui e agora, sem julgamentos, mas com aceitação e acolhimento, com a experiência que estamos tendo, qualquer que seja, boa ou desagradável, de nós mesmos ou dos outros, de algo animado ou inanimado.

Essa capacidade é de tal modo importante que hoje a *mindfulness* foi inserida em algumas abordagens psicoterapêuticas e estruturada em práticas, procedimentos e protocolos, de forma que pudesse ser ensinada e, portanto, aprendida e utilizada na própria vida e nas próprias experiências pessoais.

Neste capítulo, nos ocuparemos desses aspectos práticos e estruturais da *mindfulness*, ao passo que no próximo terá amplo espaço uma visão da *mindfulness* mais ligada aos comportamentos e ao modo de vida. Para poder compreender tudo isso, porém, é importante conhecer-lhe as origens.

As origens

Conforme sustenta Gherardo Amadei (2013), as origens da pesquisa da "consciência" não podem ser remontadas a um contexto geográfico e temporal preciso, porque são encontráveis, ainda que com nomes diversos, em um amplo território compreendido entre a China e a Grécia, em um período entre 2.800 e 2.200 anos atrás. Tal autor acrescenta que, no fundo, o monoteísmo de Zaratustra na Pérsia, o jainismo de Mahavira e Parshva e o budismo na Índia, o confucionismo e o taoísmo na China, os ensinamentos dos profetas hebraicos na Palestina, o cristianismo e a filosofia grega, são todas tradições que ajudaram a percorrer a estrada em direção a essa consciência interior através de uma série de atividades e práticas que, hoje, no Ocidente, estão sob a *mindfulness*.

Por esse motivo, as "estratégias" de *mindfulness*, ainda que efetivadas na forma de habilidades psicológicas práticas, sem referências religiosas ou filosóficas, foram aplicadas por milhares de anos dentro de tradições religiosas e espirituais, sendo consideradas de grande valor por hindus, budistas, muçulmanos e cristãos, na Índia, Ásia, Europa e América; no passado distante, na Idade Média e nos tempos modernos.

Além de todas essas influências, a ideia de *mindfulness*, da forma como é estruturada e utilizada hoje no âmbito psicológico, aprofunda as suas origens principalmente na meditação budista *vipassana* e, em boa medida, também na meditação zen, com exercícios de ioga.

A meditação *vipassana* pretende desenvolver a máxima consciência de todos os estímulos sensoriais e mentais, a fim de que se aproveite a real natureza e se enverede por esse caminho em direção à libertação. O corpo e a mente são o campo no qual é possível descobrir, com uma visão atenta, a verdade do mundo fenomênico e aquela que leva à sua extinção. Então, tal meditação convida a concentrar-se no aqui e agora, que se traduz em colocar a atenção sobre as únicas coisas que existem realmente no momento: a própria mente e o próprio corpo, com as suas sensações.

A mente e os cinco sentidos são as portas através das quais os vários fenômenos acessam o espaço da consciência. Tais fenômenos adentram, permanecem por um pouco de tempo e depois saem. Tudo isso acontece continuamente na nossa vida, mas, como durante a meditação não nos devemos ocupar de outras coisas, ela se torna um ótimo exercício para compreender melhor a realidade: de que modo entra na nossa mente, de que formas e que espaço ocupa dentro de nós, que significado e que valor lhe damos quando nos fundimos com ela, considerando-a verdadeira enquanto é somente fruto de percepções e interpretações.

Enquanto permanecemos sentados, acontecem muitas coisas: a respiração muda de ritmo, surgem pensamentos, nascem e dissipam-se emoções, experimentamos coceira ou dor, sono, tédio ou prazer, ouvimos sons ou sentimos cheiros. Na meditação *vipassana* não nos interessa de modo algum o conteúdo de tais sensações e, com frequência, elas são deixadas de lado, sem procurarmos retê-las ou nem mesmo prestar atenção nelas. Permanecemos simplesmente em contato com o sentir em si, conscientes daquilo que estamos sentindo, mas nos mantendo à distância dos conteúdos relacionados.

Nessa prática, a respiração é usada como principal ancoragem ao momento presente, como lugar de retorno dos elementos de distração. Outros meios de ancoragem podem ser a posição do corpo como um todo ou a atenção em direção à parte do corpo que se apoia sobre a terra, que dá sustentação.

A consciência de si e do próprio corpo não deve ser limitada ao momento do dia reservado à prática. Em qualquer instante, aquele que pratica essa forma de meditação deve empenhar-se em ser consciente daquilo que está fazendo, das sensações que experimenta e da própria atividade mental.

Essa forma de meditação revelou-se mais adaptável que outra prática do budismo, a meditação *samatha*, pela difusão junto aos laicos, porque não é necessária a quietude de um monastério, nem tempo de prática particularmente intenso para se obter resultados satisfatórios. Por essas características, alcançou uma apreciável difusão também no Ocidente. De todo modo, é importante notar que, no budismo, as duas práticas são ligadas e em sinergia: a técnica da *vipassana* sem um exercício de concentração prévio – *samatha* – resulta inútil, tal como ir à batalha com uma espada sem afiação.

Mindfulness, no âmbito psicológico, geralmente é traduzida como "atenção plena" aos próprios pensamentos, ações e motivações. O termo *mindfulness* deriva da palavra *sati* (em língua páli, na qual foram escritos pela primeira vez os ensinamentos do Buda histórico), e se refere aos significados de consciência, atenção e lembrança. Enquanto a consciência e a atenção possuem o mesmo significado que lhes damos correntemente, por "lembrar" entende-se a capacidade de estar presente, sem interrupção, de sermos conscientes e prestar atenção.

Outros dois elementos fundamentais dessa capacidade de prestar atenção de modo consciente são a aceitação e a ausência de julgamento. Como diz Jon Kabat-Zinn, a *mindfulness* é "a consciência que se alcança prestando atenção intencionalmente, e de modo não julgador, à própria experiência momento a momento" (KABAT-ZINN, 2003, p. 145). Nesse sentido, portanto, entende-se por *mindfulness* tanto as práticas quanto o resultado que se deseja obter com elas.

No budismo, essa capacidade provém da sabedoria (*prajna*), ou seja, do

> fator mental que distingue o estado ontológico das coisas e oferece o conhecimento das causas, condições e implicações dos processos, dos conteúdos e das consequências das próprias experiências nos termos de suas consequências éticas e seus acordos ou desacordos com as próprias intenções (CHIESA, 2011, p. 8).

Na tradição budista, a *mindfulness*, a ética e a sabedoria são profundamente ligadas entre si e cada uma delas influencia o desenvolvimento das outras (GUNATARANA, 1993).

Concluímos, contudo, que a *mindfulness*, ainda que derivada formalmente de algumas tradições orientais, em particular do budismo, não se identifica com ele. Afirma, com efeito, Jon Kabat-Zinn (2003, p. 146):

> [...] é preciso notar que a *mindfulness*, no que diz respeito à atenção, é de necessidade universal. Não tem nada de particularmente budista. Somos todos *mindful*, ora mais, ora menos, conforme os momentos. É uma capacidade intrinsecamente humana. A contribuição da tradição budista foi, em parte, a de destacar os modos simples e eficazes para cultivar e refinar essa capacidade, e levá-la a todos os aspectos da vida.

A conceituação moderna

Até hoje, o médico mais famoso que se dedicou ao ensinamento da *mindfulness* é Jon Kabat-Zinn – praticante desde os anos 1970 de meditação zen e *vipassana* – e seu modelo mais notável e aplicado é a Redução de Estresse Baseada em *Mindfulness*. Podemos considerar Jon Kabat-Zinn o fundador do uso clínico atual da *mindfulness*, definida por ele como "o processo de prestar atenção de forma particular: intencionalmente, de maneira não julgadora, ao fluir da experiência no presente, momento após momento" (KABAT-ZINN, 1994, p. 16).

Estarmos atentos à plenitude das nossas experiências nos torna consciente do mundo interno da nossa mente e nos imerge completamente na nossa vida. A *mindfulness*, no sentido mais amplo do termo, diz respeito ao despertar de uma vida vivida no modo automático e a sermos sensíveis às novidades nas nossas experiências cotidianas. Com a consciência *mindful*, o fluxo de energia e informações que é nossa mente entra na nossa atenção consciente e podemos compreender os seus conteúdos e conseguir regular seu fluxo de um novo modo. Ao invés de viver de modo automático e superficial, a *mindfulness* nos faz conscientes e, refletindo sobre a mente, temos a possibilidade de realizar escolhas, razão pela qual se torna possível mudar. Além disso, o próprio modo em que focamos nossa atenção também modela diretamente nossas mentes.

A *mindfulness*, porém, como toda forma de meditação, além de ser uma prática, é também um modo de vida. Viver de modo *mindful* quer dizer viver a experiência atual, qualquer que seja, prestando atenção sem julgá-la e acolhendo-a de forma gentil, aceitadora, amorosa, compassiva. A relação que a pessoa tem com as próprias experiências internas e externas se torna, portanto, repleta de atenção consciente e aceitação.

A prática da *mindfulness*, como sublinham Bishop et al. (2004), é caracterizada por dois elementos que interagem mutuamente:

1. A capacidade, treinada, de prestar atenção ao momento presente (autorregulação da atenção) e o conjunto de práticas que tornam isso possível.

2. A atitude com a qual se faz o treino, sustentada por curiosidade, abertura e aceitação.

Esses componentes, juntos, permitem que a pessoa aprenda a relacionar-se de modo *mindful* com as próprias experiências (com consciência, acolhimento e aceitação), no que concerne à característica de viver tudo o que vier, sem fazer nada para alterar, expulsar ou conter, mas deixando ser e fluir.

Soma-se sempre a isso uma postura de aceitação não julgadora, de cordialidade e compaixão.

2. O que é a *mindfulness*

Dissemos que a *mindfulness* deriva das práticas meditativas do budismo e que é uma forma de meditação. O termo "meditação" é bastante fugaz e não é simples de se definir. Para nos introduzirmos nesse conceito, voltamos à afirmação de que a *mindfulness* provém de uma forma de meditação, a meditação *vipassana*, que transformou de maneira profunda a cultura da meditação oriental.

Antes do advento dessa forma particular, a meditação era concebida, sobretudo, como uma forma de *absorção*. E, ainda hoje, muitas pessoas concebem a meditação nesse sentido: absorção na prece, em imaginações positivas ou em qualquer outra experiência que, de fato, nos absorva totalmente, fazendo desaparecer todo o resto.

Com a meditação *vipassana* entra em jogo um elemento novo e fundamental: se somos absorvidos por um ponto, é verdade que no tempo em que assim estamos desaparecem os sofrimentos e mesmo a dor, e o corpo e a mente se aquietam; porém, infelizmente, quando paramos, tudo volta a ser como antes.

A meditação *vipassana* traz em si o conceito de "não fugir ao sofrimento" e, ao contrário, convida a reconhecê-lo, aceitá-lo, até mesmo explorá-lo, conhecê-lo por aquilo que é. O foco, portanto, não é mais sobre algo que afaste a pessoa da realidade, mas que a reintroduza nela, com as suas inevitáveis experiências incômodas ou dolorosas.

A *mindfulness* nasce dentro desse novo modo de enfrentar a relação com nossa experiência, e por isso é um instrumento para nos tornar conscientes da maneira com a qual construímos a realidade sem consentir automaticamente nossas avaliações, para aprender a viver o sofrimento modificando nossa relação com ele, para aprender a viver plenamente e de maneira mais autêntica a relação com nós mesmos e com a realidade que nos circunda, uma premissa importante para as possibilidades de mudança.

Uma qualidade essencial da meditação *mindfulness* não é o grau de bem-estar ou relaxamento alcançado, mas a *qualidade não julgadora da nossa atenção*, que não consiste na ausência de julgamentos. A atenção não julgadora é também uma forma de consciência, unida à escolha de não seguir os pensamentos julgadores. Com a prática, habitua-se a estar o máximo possível em uma *modalidade observadora e não julgadora*, capaz de ver as coisas por aquilo que são, no momento em que estão, e de separá-las dos pensamentos que as conceituam, rotulam, julgam.

Juntando-se esses elementos, podemos considerar a *mindfulness* como uma "consciência da experiência presente com aceitação" (GERMER, 2013, p. 7), ou uma "consciência que se alcança prestando atenção intencionalmente, e de modo não julgador, à própria experiência interior, momento a momento" (KABAT-ZINN, 2003, p. 145).

A *mindfulness* está no centro de importantes pesquisas clínicas há décadas e foi inserida nos protocolos terapêuticos oficiais para problemáticas variadas, como a depressão, os distúrbios de ansiedade, as síndromes de dor crônica e as dependências.

Nos dias de hoje há, substancialmente, quatro modos de colocar em prática a *mindfulness*:

- *Livre de modelos.* É a modalidade praticada pela maior parte das pessoas que a aprendem graças à leitura de livros – talvez seja o caso do leitor deste livro

– e à utilização de arquivos de áudio que guiam o curso das práticas de meditação.

Nesses casos, frequentemente, poderia não haver nenhum sintoma ou incômodo para superar, mas somente o desejo de melhorar a própria vida.

- *Estruturada em protocolos para exigências ou sintomas específicos.* Aqui nos encontramos diante de percursos estruturados, nos tempos, nos lugares e nas práticas a serem feitas. Geralmente, este é o tipo de aplicação mais utilizado nas pesquisas científicas. Nesse caso, é útil um guia; não é dito que deva ser necessariamente um psicoterapeuta, nem o que se deva fazer com patologias, mas simplesmente para lidar com sintomatologias, ou, às vezes, somente com o desejo de aprender – graças à ajuda de um guia e não de um livro – como aplicar-se na *mindfulness.* Esses protocolos podem ser postos em paralelo ou inseridos em percursos de psicoterapia.

- *Inserida formalmente em abordagens mais amplas.* Há algumas abordagens psicoterapêuticas, como a Terapia Comportamental Dialética (LINEHAN, 1993) ou a Terapia de Aceitação e Compromisso (HAYES; BROWNSTEIN, 1986; HAYES; WILSON, 1994), nas quais é inserida entre as estratégias e técnicas psicoterapêuticas, e onde influencia no modo de conceber a mudança. Nesse caso, trata-se de verdadeiras abordagens terapêuticas, voltadas à resolução de patologias ou problemáticas psicológicas de vários tipos.

Enfim, pode ser introduzida livremente dentro de abordagens terapêuticas pessoais. Nesse caso, cada terapeuta pode inspirar-se livremente na *mindfulness* e utilizá-la no próprio modo de fazer terapia, aconselhar livros sobre o tema, sugerir algumas práticas com base nas necessidades.

As práticas de meditação que constituem a *mindfulness* e ajudam seu desenvolvimento são de duas modalidades:

- *Formal ou estruturada*, praticada por um tempo estabelecido em um ambiente se possível calmo e silencioso. Nas práticas formais, por meio de meditações específicas, inspiradas nas práticas da meditação *vipassana*, são treinadas competências de base da *mindfulness*, isto é, a observação e a aceitação consciente do momento presente, de modo não julgador.

- *Informal ou não estruturada*, exercitada, ao contrário da primeira, em diversos momentos do cotidiano, sem a necessidade de um local específico. As práticas informais consistem em viver uma ou mais atividades do dia conforme as modalidades treinadas nas atividades formais.

A atitude mindful através de oito pilares

Como diz Kabat-Zinn (2004), para cultivar a consciência e utilizá-la para curar, não basta seguir as instruções mecanicamente. Nenhum processo de aprendizagem autêntico funciona assim. A aprendizagem e a transformação são possíveis somente em um estado de abertura e receptividade.

Com a finalidade de cultivar intencionalmente essa atitude, Kabat-Zinn traçou oito pilares fundamentais que dizem respeito ao modo de meditar, e que não só melhoram a qualidade da meditação mas facilitam também sua aplicação na vida cotidiana. Tais pilares são:

1. O não julgamento.
2. A paciência.
3. A mente de principiante.
4. A confiança.
5. A não busca por resultados.
6. A aceitação.
7. O deixar ir.
8. A constância e a autodisciplina.

A primeira qualidade se refere à *suspensão do julgamento*. Quando se apresenta na própria experiência um julgamento, não devemos procurar reprimi-lo nem avaliá-lo, mas simplesmente observá-lo e reconhecer nele a atividade automática, para depois voltar à atenção consciente da qual tínhamos partido.

O segundo aspecto é a *paciência*. Buscar resultados imediatos, como somos habituados e como nos ensina a cultura frenética e tecnológica na qual vivemos, leva inevitavelmente à irritação, que é o contrário da abertura e da aceitação. Além de não garantir e, frequentemente, impedir a realização dos resultados que gostaríamos de obter com tanta rapidez. O convite da *mindfulness* é o de aguardar e não entrar no fluxo automático de ruminação e raiva, de desejos de realização e satisfação, ou de distanciamento da experiência presente, quando é desagradável.

O terceiro ponto sugere *ver todas as coisas como se as notássemos pela primeira vez*. Por exemplo, o primeiro exercício de *mindfulness* comumente consiste em olhar, tocar, cheirar e provar uma uva-passa como se nunca a tivesse visto antes. Durante o exercício, a maior parte das pessoas se dá conta de não ter nunca pensado em tantas qualidades de uma pequena uva-passa. Estimular a mente de principiante ajuda a suspender as eventuais expectativas e julgamentos trazidos dos conhecimentos e das experiências anteriores, e a acolher a nova experiência (que pode ser uma pessoa, um evento, um objeto) por aquilo que é e que tem para nos transmitir de si mesma e de nós mesmos.

O quarto pilar diz respeito à *confiança* na própria intuição. Junto à capacidade de entrar em contato com o próprio mundo interior, é treinada a confiança nas próprias sensações, a fim de alcançar uma maior responsabilidade em relação às nossas escolhas.

Na *mindfulness* é importante saber encontrar um equilíbrio entre o treino de determinadas habilidades e *a não busca por resultados*. A meditação não consiste em uma série de coisas a serem feitas e resultados a serem atingidos. Nesse caso, cria-se uma situação paradoxal, de empenhar-se em fazer algo e, ao mesmo tempo, evitar esperar ou procurar obter alguma coisa. É um diálogo entre opostos, e um dos elementos da *mindfulness* está justamente em conseguir encontrar uma síntese entre eles.

A *aceitação* é o sexto pilar da *mindfulness*. Todo momento experiencial é aceito e vivido por aquilo que é em sua inteireza, sem procurar modificá-lo imediatamente ou desejá-lo de forma diferente como é nosso costume. Nossa estrutura mental é condicionada a procurar reter o que mais nos agrada e afastar o que é desagradável. A sugestão da *mindfulness* é deixar ir embora seja o apego ao agradável, seja a aversão ao desagradável, e simplesmente estar e aceitar.

O sétimo pilar é *deixar ir*. Na prática da meditação, colocamos deliberadamente de lado a tendência da mente em apegar-se a certos aspectos da nossa experiência e rejeitar outros. Ao contrário, deixamos que a experiência seja aquilo que é e a observamos instante a instante. O não apego, o deixar ir, é uma forma de aceitação das coisas assim como são. Quando nos percebemos julgando nossa experiência, podemos deixar ir esses julgamentos. Limitamo-nos a registrar as experiências e as opiniões que povoam nossa mente. A disponibilidade em examinar atentamente os nossos apegos, em última análise, nos ajuda a descobrir muito sobre nós mesmos: aquilo que desejamos e como desejamos, o modo com o qual contribuímos para produzir sofrimento e alimentá-lo justamente o rejeitando e tentando eliminá-lo.

Enfim, para realizar tudo o que foi dito até agora, Kabat--Zinn especifica uma última sugestão, que podemos considerar um pilar adicional: *constância* e *autodisciplina*. O compromisso solicitado é como aquele que deve colocar em prática um atleta que treina regularmente, não só quando tem vontade, e ainda que o treinamento não o agrade. Treina porque acredita no que faz, é motivado a fazê-lo e quer atingir determinados objetivos.

Para resumir, esse condicionamento permite à pessoa viver plena e conscientemente, ver e aceitar tudo o que está acontecendo, conhecer e obter uma visão mais clara do momento presente. Como consequência lógica, a prática diária leva, por um lado, a um maior conhecimento de si mesmo, das próprias intenções, dos próprios desejos, objetivos e valores pessoais; por outro, a um maior conhecimento do funcionamento da própria mente (julgar e reagir automaticamente) e dos próprios estados mentais (conteúdos e qualidade).

Na pesquisa e na prática psicoterapêutica dos últimos trinta anos, a *mindfulness* foi inserida em numerosos protocolos psicoterapêuticos, entre os quais os mais famosos e estudados são a Redução de Estresse Baseada em *Mindfulness*, a Terapia Comportamental Dialética e a Terapia de Aceitação e Compromisso. Vejamo-las resumidamente.

Jon Kabat-Zinn: Redução de Estresse Baseada em Mindfulness

Jon Kabat-Zinn foi quem introduziu a *mindfulness* na medicina tradicional, procurando traduzir em um protocolo científico e laico os ensinamentos da meditação budista *vipassana*, com integração do zen a exercícios de ioga (para ajudar as pessoas a perceberem o corpo em movimento e o equilíbrio com seus corpos, e não por um valor espiritual qualquer).

O trabalho de Kabat-Zinn e sua Redução de Estresse Baseada em *Mindfulness* (MBSR) são só uma pequena parte de toda a atual psicologia baseada na *mindfulness*. A MBSR, de fato, não representa todos os modos em que a consciência é utilizada atualmente. Em 1979, o próprio Kabat-Zinn fundou a que antes foi chamada de "Clínica de Redução de Estresse", em seguida rebatizada como "Centro de *Mindfulness* em Medicina, Cuidados de Saúde e Sociedade", junto ao Centro Médico da Universidade de Massachusetts.

O programa foi denominado inicialmente como "redução clínica do estresse", pela preocupação suscitada pela palavra "meditação", que teria sido vista, naquele momento em particular, com ceticismo em um centro médico universitário.

Kabat-Zinn esperava que os pacientes pudessem transformar sua relação com a dor através da prática da meditação consciente. Dessa forma, perceberiam que ao menos certa quantidade de seus sofrimentos era resultado de reações emotivas à dor e não a dor propriamente dita. Inicialmente, dedicou-se a colocar em prática a meditação com os pacientes que sofriam de dores físicas crônicas e intratáveis pela medicina convencional.

Por mais de duas décadas, o protocolo MBSR se desenvolveu através de um programa de 8 semanas que combinava a meditação sentada, a meditação caminhando, o *body scan* e a ioga clássica, e que se traduzia em uma notável melhora da qualidade de vida para cerca de três quartos das pessoas empenhadas nesse pequeno percurso. Atualmente, o MBSR é o programa de aprendizagem da *mindfulness* mais ensinado em todo o mundo. No final dos anos 1990, só nos Estados Unidos já era aplicado em mais de 400 hospitais e centros médicos.

Hoje em dia, o programa MBSR é estruturado em uma base de 8 encontros, em grupo (com, no máximo, 30 participantes). Cada encontro tem a duração de duas a três horas, nas quais se aborda a teoria e a prática da técnica, são desenvolvidas as partes didáticas, é dado amplo espaço ao ensino das práticas formais (que são também exercitadas juntas no decorrer dos encontros) e informais da *mindfulness*, experimentadas através de exercícios de ioga (substituídos por alguns autores com outros tipos de exercício similares), da relação com o próprio corpo, e há ainda a possibilidade de compartilhar as próprias experiências de meditação com os outros participantes. No sexto encontro, após ter experimentado meditações de várias naturezas e durações, é feita uma meditação muito intensa de oito horas.

Marsha Linehan: Terapia Comportamental Dialética

A Terapia Comportamental Dialética (DBT) integra a aquisição de "competências *mindfulness*" dentro de um quadro terapêutico muito mais amplo, projetado prevalentemente, ao menos no início, por pacientes *borderline* com tendências suicidas. O tipo de *mindfulness* à qual se refere

Marsha Linehan é o zen, aprendido no decorrer de 30 anos de treinamento zen com um monge beneditino que também é um mestre zen.[1] A DBT (LINEHAN, 1993) é famosa por sua abordagem intensamente orientada à realização dos seguintes objetivos terapêuticos:

- reduzir os comportamentos suicidas e autolesivos;
- reduzir os comportamentos que interferem na terapia (da parte do paciente e do terapeuta);
- reduzir os comportamentos que diminuem a qualidade de vida;
- ensinar as habilidades comportamentais: habilidades nucleares de *mindfulness*, eficácia interpessoal, regulação das emoções, tolerância à angústia e autogestão.

Uma vez que os principais obstáculos à terapia tenham sido removidos ou drasticamente reduzidos, a DBT ensina um quadro essencial de competências de base voltadas à consciência, a fim de tornar os pacientes mais conscientes de como os seus pensamentos e suas emoções guiam as suas ações de autogestão e suas relações destrutivas.

São então ensinadas, na maioria das vezes em um contexto de grupo, habilidades específicas em termos de eficácia interpessoal, regulação das emoções e tolerância à angústia.

Todos os tratamentos DBT se fundam sob o pressuposto de que os terapeutas estejam aptos a manter um pensamento dialético e a capacidade de tolerar o paradoxo e o conflito, relacionando-se com isso de modo flexível, para poder ensinar o paciente a ser dialeticamente consciente (LINEHAN, 1993).

---

[1] Disponível em: <http://www.psychologicalscience.org/index.php/publications/observer/2010/may-june-10/marsha-m-linehan.html>.

As habilidades de *midfulness* são ensinadas a fim de ajudar os pacientes a aumentarem a consciência dos próprios mecanismos mentais e a confiança nas próprias percepções enquanto se afinam com os conhecimentos, a desenvolverem a capacidade de fazer sínteses a partir das várias contradições internas e com o externo, e a favorecer a regulação emotiva. Como afirma Robins (2002), a maior parte das práticas de *mindfulness* descritas no manual de treinamento das habilidades (LINEHAN, 1993) é adaptada do manual de meditação do monge zen Thich Nhat Hahn (1976).

Segal, Williams e Teasdale:
Terapia Cognitiva Baseada em Mindfulness

O sucesso do protocolo Terapia Cognitiva Baseada em *Mindfulness* (MBCT) fez com que, também no âmbito cognitivista, se difundisse certo interesse pelas práticas de consciência como instrumentos clínicos. Com efeito, a *mindfulness* e o cognitivismo tinham, se não mais, um comum interesse pelo papel que os nossos pensamentos representam nas emoções e nos comportamentos.

Ao redor do núcleo originário da Redução de Estresse Baseada em *Mindfulness* desenvolveu-se o horizonte mais amplo das ditas Intervenções Baseadas em *Mindfulness* [*Mindfulness--Based Interventions* – MBIs]. Entre as intervenções derivadas da Redução de Estresse Baseada em *Mindfulness*, a Terapia Cognitiva Baseada em *Mindfulness* (SEGAL; WILLIANS; TEASDALE, 2002/2013) é o protocolo mais difundido e testado cientificamente. Outras propostas de tratamento baseadas na *mindfulness* são: Prevenção de Recaída Baseada em *Mindfulnes* [*Mindfulness-Based Relapse Prevention* – MBRP], para as dependências, proposta por Bowen, Chawla e Marlatt

(2011); Treinamento de Conscientização sobre Alimentação Baseado em Mindfulness [*Mindfulness-Based Eating Awareness Training*], elaborada por Kristeller, Baer e Quillian-Wolever (2006); Parto e Parentalidade Baseados em Mindfulness [*Mindfulness-Based Childbirth and Parenting*], formulada por Bardacke (2012); Cuidado aos Mais Velhos Baseado em Mindfulness [*Mindfulness-Based Elder Care*], de McBee (2008); e o programa Melhoria de Relacionamento Baseada em Mindfulness [*Mindfulness-Based Relationship Enhancement*], desenvolvido por Carson, Carson, Gil e Baucom (2004).

A metacognição é a capacidade de sermos conscientes dos conteúdos da nossa mente e da mente dos outros (emoções, pensamentos, desejos etc.). É exequível graças à possibilidade – peculiar da espécie humana – de distanciar-nos, auto-observarmos e refletirmos sobre nossos estados mentais. A atividade metacognitiva nos permite, entre outras coisas, controlar e gerir os pensamentos e as emoções, e, portanto, também conhecer e dirigir os nossos processos comportamentais e de aprendizagem.

A MBCT nasceu do desejo dos seus autores de criar uma nova abordagem terapêutica de orientação cognitiva, com o fim de reduzir as recidivas em pacientes depressivos. Após tomar consciência da MBSR de Kabat-Zinn e da DBT de Linehan como terapias eficazes na gestão e redução do estresse, esses autores presumiram que o trabalho sobre a consciência ajuda no desenvolvimento de habilidades metacognitivas fundamentais. Considerando a metacognição uma competência muito preciosa na prevenção de recaídas depressivas, em um primeiro momento procuraram inserir a abordagem MBSR de Kabat-Zinn em um programa de tratamento mais breve. Ao final, porém, Segal, Williams e Teasdale se deram conta de que não é possível ensinar de modo eficaz a consciência sem ter uma forte e constante prática, e estruturaram um programa similar ao MBSR, mas personalizado em função de seus objetivos e das características de seus pacientes.

A contribuição mais importante da MBCT foi a atenta exploração dos mecanismos envolvidos na ruminação depressiva. Os autores levantam a hipótese de que a *ruminação* seja um processo que se inicia quando os modelos de pensamento negativo se ativam em resposta a uma experiência negativa e se repetem de maneira perpétua. O incremento da consciência metacognitiva aumenta a percepção dos próprios modos de agir irrefletidos, uma espécie de *piloto automático*, e permite aos pacientes verem realisticamente os próprios conteúdos mentais: modelos de pensamento negativo que se autoalimentam, e não uma reflexão cuidadosa da realidade externa.

Na depressão, portanto, como em muitos outros distúrbios, quando se ativam os processos de ruminação, entra-se em uma espiral de pensamentos negativos nos quais a pessoa acredita e se perde, sem possibilidade de confronto com a realidade. O piloto que guia esse processo mental é constituído por emoções de tristeza e por convencimentos negativos próprios tão arraigados que podem ser considerados como pressupostos dos quais partir para analisar a si mesmo e a realidade. A capacidade de assumir uma distância desses pensamentos, e de reconhecê-los como tais, é uma chave necessária para abrir a porta da mudança: uma mudança fundada sobre um maior contato com a realidade, sobre uma refutação dos processos de pensamentos distorcidos e sobre uma regulação das emoções que são fontes de sofrimento.

Steve Hayes: Terapia de Aceitação e Compromisso

A Terapia de Aceitação e Compromisso (ACT) foi desenvolvida por Steve Hayes e seus colaboradores em 1986, a princípio ilustrada em dois artigos científicos (HAYES; BROWNSTEIN, 1986; HAYES; WILSON, 1994) e, adiante, em 1999, em um livro intitulado *Acceptance and Commitment Therapy: Na experiential approach to behavior change* [Terapia de Aceitação e Compromisso: uma abordagem experiencial para mudança de comportamento].

A ACT leva o nome de uma de suas mensagens fundamentais: *aceitar aquilo que está fora do nosso controle pessoal e empenhar-se em uma ação que melhora e enriquece a vida.* O intuito da ACT é maximizar o potencial humano para uma vida rica, plena e significativa. Por isso:

- ensina competências psicológicas (conhecidas como as habilidades de consciência) para enfrentar os pensamentos e os sentimentos dolorosos e para sentir-se eficaz, de tal modo que eles tenham muito menos impacto;

- ajuda a esclarecer aquilo que é realmente importante e significativo – os valores – para depois utilizar tal conhecimento para guiar, inspirar e motivar a mudança de vida para melhor;

- na ACT, a *mindfulness* é vista como um dos vários modos para aprender essas habilidades;

- a ACT divide as habilidades de *mindfulness* em três categorias:

  ✓ a desfusão, para tomar distância/deixar ir os pensamentos inúteis, as próprias crenças e memórias;

  ✓ a aceitação, para classificar os próprios sentimentos dolorosos, instintos e sensações, e permitir que vão embora sem lutar com eles;

  ✓ o contato com o momento presente, para comprometer-se plenamente com a experiência do *aqui* e *agora*, com um comportamento de abertura e curiosidade.

Essas três habilidades requerem o uso de um aspecto de nós mesmos que podemos chamar de "eu observante", porque está apto a observar seja nossa experiência física, seja a mental. É a parte de nós que é a consciência de todo o resto: consciente de cada pensamento, sensação, de tudo aquilo que vemos, sentimos, tocamos, degustamos, inalamos e fazemos.

Conforme vimos, levando em consideração as principais abordagens terapêuticas nas quais se insere a *mindfulness*, esta última não é uma prática monolítica e única, mas, assim como são várias as tradições das quais deriva, e assim como é em si uma técnica que prevê o não apego a nada, é utilizável em contextos diferentes de forma flexível. O que permanece é o núcleo de base da procura da plena consciência não julgadora no *aqui* e *agora*.

Nos parágrafos a seguir apresentaremos alguns princípios da técnica *mindfulness* que permitem que se comece a lhe conhecer o valor.

3. A técnica da *mindfulness*

O eixo sobre o qual se baseia a prática meditativa da *mindfulness* é a atenção ao momento presente. Como dizíamos, uma atenção não julgadora.

Todos sabemos, por ter experimentado na própria pele, que a mente vaga, produz pensamentos e imagens do passado ou prefigurações do futuro (quase sempre negativas!). Voltar ao momento presente certamente ajuda cada um de nós a sairmos desses pequenos afogamentos que criamos. E, só por esse motivo, diríamos que seria útil encontrar um momento diário para voltar a nós mesmos.

Reconhecer imagens, pensamentos, emoções e percepções é importante em um nível mais prático: nossa história nos leva a nos convencermos de pensamentos que, ainda que não necessariamente ligados à realidade, são para nós a verdade, e com base neles nos comportamos e nos relacionamos. E depois julgamos, em seguida julgamos a nós mesmos, os outros, o mundo, o presente, passado e futuro, e vivemos mais em nossos julgamentos que na realidade. Sempre tentamos fugir dos sofrimentos inevitáveis à procura de estados de prazer e bem-estar inalcançáveis ou transitórios. E fazemos tudo isso de modo automático, não conscientes desse mecanismo repetitivo, até nos menores e inócuos comportamentos.

É uma experiência comum realizarmos as atividades diárias de maneira repetitiva e automática. Basta pensar em quando nos dirigimos a outra sala do escritório e, assim que chegamos, não sabemos por que estamos ali. Um clássico! É como se nos movêssemos guiados por um piloto automático. E quantas vezes fazemos ou dizemos algo para então nos arrependermos logo depois, mesmo sabendo, em sã consciência, que não queríamos agir daquele modo?

Não há problema em sermos guiados pelo piloto automático às vezes, já que seria impossível pensar continuamente no que devemos fazer. Imagine dirigir pensando constantemente em todos os movimentos a serem feitos! O problema surge quando o piloto automático se estende de tal forma a aprisionar nossas vidas nos processos negativos dos quais falamos.

A *mindfulness* ajuda a desarmar esse piloto automático e, durante os seus exercícios, nos vemos no dever de desativá-lo mais vezes. No desenrolar das práticas, efetivamente, enquanto procuramos focar nossa atenção, acontece o mesmo que na vida cotidiana: nossa atenção tenderá a ir além. O piloto automático se ativou novamente. É a norma da mente humana.

Demos um exemplo. Em um dos exercícios mais notáveis de *mindfulness*, o exercício da respiração, é necessário colocar-se sentado e levar a atenção conscientemente à respiração, momento a momento. Quando a mente, pontualmente, vai para outro lugar e nos apresenta uma imagem/pensamento, o mais sábio a ser feito é simplesmente notá-los, para depois, sem expressar julgamentos ou observando também os julgamentos que surgiram de modo automático, voltar novamente a atenção à respiração. Treinamos, dessa forma, a atenção, a consciência do piloto automático, a capacidade de nos observarmos a partir do externo sem nos ligarmos aos nossos conteúdos mentais, e de não expressar julgamentos ou aceitá-los quando se manifestam a nossa atenção.

É justamente porque reconhecemos essas imagens e nos voltamos a nós mesmos e à nossa respiração, no *aqui* e *agora*, que a divagação – o pensamento ou a imagem – se torna o objeto de nossa atenção presente, diminuindo assim o alcance cognitivo e emotivo que exerce sobre nós.

Não é mais um processo automático e inconsciente. O reconhecemos. Não o julgamos. São somente fenômenos que chegam. Não permanecemos ancorados em nossa respiração. Nós estamos aqui. Nós não somos a divagação.

A prática constante da *mindfulness* nos leva, portanto, a conhecer cuidadosamente a origem mental do nosso sofrimento, a reconhecer a atividade mental enquanto tal, a aprender a não dar tanto crédito às suas conclusões e a ampliar, assim, a liberdade de escolha.

As práticas formais

Como dissemos, a *mindfulness* pode ser exercitada através de uma série de práticas formais e informais.

As práticas formais são uma série de exercícios codificados, de focagem da atenção sobre estímulos como a respiração, o corpo, os pensamentos, os sons, o movimento. São exercícios que, ainda que possam variar ligeiramente na modalidade na qual são realizados, de todo modo são iguais entre si. É como ir à academia e fazer flexões ou abdominais. Derivam das práticas de meditação budista – que têm enormes semelhanças com as outras tradições espirituais orientais – e foram codificadas em exercícios psicológicos.

As práticas formais da *mindfulness* são consideradas como um treinamento e, portanto, requerem constância e paciência, outras duas habilidades que, indiretamente, são exercitadas por meio da meditação.

A *mindfulness*, inclusive, se aprende, em geral, gradual e lentamente, e procurar observar e medir os resultados, além de ser contrário aos princípios da própria *mindfulness* – que é a aceitação dos fatos –, desacelera o processo. Por esse motivo encorajamos a prosseguir sempre com constância e paciência: chegará o momento em que, sem que nos tenhamos dado conta, teremos dado passos adiante. Às vezes constataremos durante uma das práticas formais ou quando conseguirmos prestar atenção em alguém de uma forma que antes não éramos capazes, ou descobriremos estar conscientes ou separados dos nossos conteúdos mentais, ou, em um momento de sofrimento, notaremos ter um salva-vidas inesperado.

Constância e paciência. Permitamo-nos o tempo necessário, permitamo-nos a possibilidade de mudar. Não se obtém a mudança de um dia para o outro. É um caminho. Com trechos lentos e trechos mais velozes. Permitamo-nos viver a mudança. Permitamo-nos viver nossa vida.

Para praticar os exercícios formais não basta assumir uma posição meditativa e seguir as indicações à espera de que aconteça algo. Não são instruções para montar um móbile!

O comportamento com o qual nos aproximamos da prática, indicado pelos pilares de que falamos, é fundamental. Os pacientes que se aproximam da meditação céticos mas curiosos são os que obtêm os melhores resultados, graças à "mente de principiante". Esse tipo de conduta é muito importante. Se, ao contrário, nossa atitude básica é "já sei que não funcionará", provavelmente não será muito útil, porque nossa mente será influenciada pelo nosso julgamento. Do mesmo modo, se procurarmos mensurar continuamente os resultados obtidos, nossa mente será influenciada pelas medições e avaliações que efetuarmos.

A prática da consciência requer somente que prestemos atenção e vejamos as coisas assim como são. Exatamente o oposto daquilo que todos estamos habituados a fazer.

Lembremo-nos dos pilares da prática da *mindfulness*:

1. O não julgamento.
2. A paciência.
3. A mente de principiante.
4. A confiança.
5. A não busca por resultados.
6. A aceitação.
7. O deixar ir.
8. A constância e a autodisciplina.

Antes de vermos algumas indicações práticas para a realização das práticas formais e alguns exemplos – para depois aprofundá-los no capítulo que conterá todos os exercícios –, queremos destacar um elemento importante: antes ainda de começar a praticar formalmente a *mindfulness*, só por já ter escolhido um tempo e um lugar para praticá-la é, em si, um comportamento terapêutico. Significa ter escolhido nos cuidarmos, deixando que o mundo prossiga as suas atividades sem nós. Significa ter escolhido tentar deixar o controle que procuramos ter continuamente sobre tudo. Significa ter dedicado tempo e intenções para programar aquele momento de intimidade com nós mesmos. Significa ter escolhido tentar mudar a rota em nossa vida.

Posição

A posição é importante, não só do ponto de vista formal. Não é uma regra a ser seguida de forma rígida e sem sentido. A postura, de fato, é um comportamento externo que reflete e ajuda a cultivar um comportamento interno de dignidade, paciência e autoaceitação. Mente e corpo são interdependentes.

Além dessa relação entre a postura e o comportamento com o qual meditamos, a postura deve ser também suficientemente cômoda e estável para tornar possível a meditação por um tempo razoável. A postura correta reduz os obstáculos à concentração, como a dor física, as distrações, a sonolência e a mente que vagueia. Podemos alcançar a concentração se o corpo encontra equilíbrio, calma, estabilidade e um estado atento. Durante a meditação é válido vestir roupas confortáveis e ficar sem sapatos.

A posição meditativa mais utilizada é a sentada. Quando meditamos desse modo, procuramos manter a coluna, o pescoço e a cabeça alinhados ao longo de um eixo vertical, relaxamos os ombros, mantemos as mãos em uma posição que nos seja cômoda, sobre os joelhos ou sobre as coxas. Para manter a espinha dorsal ereta, mas não rígida, vale imaginar que há um fio que puxa a cabeça em direção ao alto, enquanto o maxilar e todo o resto do corpo se esticam a partir da cabeça. Outro método é balançar-se à frente e de lado, de forma cada vez mais imperceptível, até encontrar o ponto de maior equilíbrio. Também nesse caso, como para todos os aspectos da meditação, é importante lembrar-se de que estamos mantendo uma posição incorreta e, portanto, sem nos julgarmos, reassumimos uma posição mais dignificante.

Normalmente, senta-se em uma cadeira ou no chão, utilizando almofadas que permitam estar comodamente sentado sobre elas, enquanto as pernas, cruzadas, se apoiam sobre o solo. A almofada clássica de meditação se chama *zafu*, mas é possível utilizar uma almofada qualquer; o importante é que a maciez e a altura tornem a meditação confortável e estável.

Se, ao contrário, preferirmos utilizar uma cadeira, procuremos não nos apoiar no encosto, deixando os pés apoiados no chão. Podemos também escolher nos sentarmos na posição ajoelhada, chamada *seiza*, usando um banquinho ou uma almofada, sobre os quais nos acomodemos como sobre um selim, com os joelhos apoiados no chão.

Quando estivermos sentados, se experimentarmos formigamentos, incômodos ou dores, inicialmente tentemos observá-los sem julgá-los, acolhendo-os sem mudar de posição. Procuremos assumir, também em relação a eles, o mesmo comportamento de acolhimento que queremos treinar no decorrer das meditações. Porém, caso as dores se intensifiquem de tal modo que a meditação seja impedida, é então o caso de mudar de posição porque, lembremo-nos, a posição deve ser funcional à meditação. De todo modo, agradecemos aquele incômodo porque, além de ter-nos dado a possibilidade de treinar a aceitação em relação a nós mesmos, provavelmente foi também um impulso para nos despertar para a meditação, oferecendo-nos uma oportunidade para cuidarmos de nós mesmos.

Deixemos que as mãos encontrem uma posição estável, apoiadas ao ventre, logo abaixo do umbigo, ou sobre os joelhos.

Relaxemos os ombros, mantenhamos os olhos abertos, semicerrados ou gentilmente cerrados para evitar distrações externas.

Em todo caso, quando estivermos sentados, é importante encontrar uma posição balanceada, relaxada e enraizada ao máximo possível, a qual permita à mente entrar profundamente no processo da meditação. Como também afirma Jon Kabat-Zinn (2005), a postura sentada, plena de dignidade, é em si uma afirmação de liberdade, bem como de harmonia, de beleza e de riqueza da vida. A própria postura é a meditação.

A respiração diafragmática

Durante a meditação, procuremos ter uma respiração diafragmática ou "baixa/pela barriga", isto é, um tipo de respiração que tem como consequência o relaxamento dos músculos abdominais, sem o qual não é facilmente praticável. É também mais lenta, longa e profunda do que a respiração "alta/pelo peito".

Se não somos habituados a relaxar a barriga, as primeiras tentativas de respirar dessa forma poderão nos parecer frustrantes. Mas, se perseverarmos, sem forçar, progressivamente se tornará mais simples e mais natural. Infelizmente, por causa do estresse que acumulamos no decorrer da vida, aprendemos paulatinamente a viver, e assim a respirar, contraídos, fazendo respirações mais curtas, velozes, utilizando somente a parte alta dos pulmões.

Para treinar a respiração intencionalmente, nos deitemos e coloquemos uma mão sobre a barriga: procuremos respirar de modo que a barriga e, portanto, também a mão se elevem. Lentamente, deixemos por um instante o ar nos pulmões antes de expirá-lo. De início, para reconhecer a diferença entre os dois tipos de respiração, também pode ser útil respirar elevando o tórax, fazendo com que entre o máximo de ar possível, para depois, sem expirar, prosseguir a inspiração elevando também a barriga. Descobriremos que é possível inalar muito mais ar e respirar com partes do corpo que não imaginávamos ou que não pensávamos poder utilizar.

Procuremos fazer com que essa seja nossa respiração habitual durante as meditações e, se possível, também no decorrer do dia.

Meditação da uva-passa

Este exercício é geralmente utilizado como introdução à *mindfulness*, mesmo sendo uma prática de cunho informal.

Porém, dado seu uso praticamente universal no ensino da *mindfulness*, o inserimos junto às meditações formais.

O objetivo é começar a descobrir o valor da consciência e a possibilidade de treiná-la e praticá-la virtualmente em todas as atividades do dia. Faz com que entendamos o quanto nossa mente divaga, distraindo-nos do que fazemos; o quanto temos dificuldade de observar, e nos deixamos levar pelos nossos julgamentos; o quanto temos dificuldade de acolher a experiência e suas sutilezas, enquanto intentamos observá-la com base em esquemas consolidados; o quanto os nossos sentidos se sobrecarregam por nossas distrações mentais, reduzindo também a capacidade de experimentar prazer naquilo que realizamos; além de, às vezes, produzir dor. Tudo isso simplesmente prestando atenção, de modo consciente, em uma uva-passa.

Peguemos uma uva-passa e a observemos. Nunca o fizemos? Vamos olhá-la como se fosse a primeira vez. Portanto, nos empenhemos em sentir a consistência, a forma, a cor, a temperatura, o odor. Todas as características que nela conseguirmos perceber.

Após tê-la observado atentamente, por dois ou três minutos, a provemos. Sintamos inicialmente a consistência dela com os lábios. Reparemos na salivação que está sendo produzida automaticamente. Depois a coloquemos sob os dentes, mastigando e degustando o sabor. Fiquemos atentos ao movimento da garganta enquanto a deglutimos.

Obviamente, podemos fazê-lo com qualquer outra coisa, como um biscoito, por exemplo.

Já comemos algo dessa maneira? É a primeira vez? Já colocamos tal atenção em um gesto tão simples e automático como o de comer?

O que sentimos na boca quando a uva-passa fica em pedaços? Como a sentimos, quando a engolimos?

O que muda quando comemos a uva-passa de modo plenamente consciente em relação a quando simplesmente deglutimos, talvez sem nem ao menos mastigá-la bem? Aqui está contida a essência da *mindfulness*.

Conseguimos desativar o piloto automático enquanto comíamos?

Estávamos 100% concentrados, passo a passo, no exercício?

Qual é o ensinamento proveniente do rompimento desses automatismos? Tentemos pensar nisso após ter feito o exercício.

Espaço de respiração de três minutos

Durante os dias, dando-nos conta ou não, tendemos a acumular estresse, ansiedade, preocupações, agitação física, enquanto somos guiados pelo piloto automático nas tarefas e nos problemas de nossa vida. O *espaço de respiração de três minutos* é um convite a reservar, no decorrer do dia, momentos de consciência e despertar do *aqui* e *agora*, desativando, desse modo, o piloto automático. Entrar nesse modo poderá nos ajudar a encontrar capacidades úteis para gerenciar de maneira mais eficaz as situações de dificuldade, reconhecendo na maior parte das vezes o modo automático com o qual estamos reagindo à vida, os efeitos que isso está produzindo em nós mesmos e quais são nossas necessidades e valores intencionais.

Essa prática formal retoma as práticas clássicas de *mindfulness*, e é uma das aconselhadas por Kabat-Zinn desde o início. Ao menos inicialmente, aconselhamos fazê-la cotidianamente, no mínimo três vezes ao dia e "em caso de necessidade".

No transcorrer dos primeiros três minutos, começamos a entrar em um estado de maior presença e consciência. A postura está ereta, digna e cômoda, assim como a descrevemos.

Levemos a consciência aos nossos processos interiores: quais pensamentos atravessam nossa mente? Quais imagens comparecem? Quais sensações corpóreas experimentamos? Há dores, formigamentos, tensões? Quais emoções estamos experimentando? O que acontece dentro de mim nesse momento? Simplesmente, notemos a presença sem raciocinarmos sobre ela. Observemos sem julgar, acolhendo tudo o que estamos notando.

No segundo minuto, comecemos a focar em nossa atenção e a nos concentrarmos na respiração, percebendo o ar que entra e sai do nariz, seu movimento, sua temperatura. Quando o ar entra, a barriga se eleva; quando o ar sai, abaixa-se. Observemos esse movimento. Somente o observemos. Sem modificar ou produzir raciocínios. Se a mente se distrai, simplesmente voltamos à respiração. A respiração está sempre à nossa disposição para voltar a nós mesmos. É nossa âncora para o *aqui* e *agora*.

No terceiro minuto ampliemos e expandamos a consciência, deslocando a atenção da respiração para todo o corpo. Sintamos respirar todo o nosso corpo. Respiremos com ele, recolhendo mentalmente as sensações que nos envia.

Nossa mente certamente divagará. Isso é absolutamente natural. Não nos julguemos e não nos desmoralizemos. Simplesmente acolhamos a distração e depois gentilmente dirijamos a atenção ao exercício, tornando-nos novamente conscientes de nossa respiração. Cada vez que isso ocorrer.

Nas três fases desse exercício, portanto, nos treinamos a voltar ao aqui e agora, em contato com nós mesmos, com tudo aquilo que no momento passa por nossa mente, para depois aprender a não nos deixarmos influenciar por isso, voltando à respiração, e da respiração para todo o corpo.

Com esse exercício nos treinamos a desativar o piloto automático, a retomar o contato com nós mesmos e, consequentemente, com nossa capacidade de decidir conscientemente, sem julgamentos, mas com aceitação e gentileza, e sem reagir automática e instintivamente.

As práticas informais

As práticas informais consistem em ações da vida cotidiana, que podem ser de qualquer tipo (por exemplo, comer, escovar os dentes, pentear-se, dirigir, caminhar), que procuramos desenvolver seguindo as mesmas indicações práticas e habituais da *mindfulness*. É, portanto, um modo de exercitar e transportar a *mindfulness* na vida cotidiana, seja como prática, seja como comportamento.

Exercício 1

Suspendam imediatamente a leitura e observem suas experiências *aqui* e *agora*.

Reconhecem o papel que têm entre as mãos? Seu odor? Sua consistência? Vocês já tinham se dado conta? Ou estavam lendo, dando por encerradas todas essas informações?

Que som se produz quando se viram as páginas?

Quais são os pensamentos que existem nesse momento?

Qual é o humor de vocês?

Vocês têm a liberdade de não seguir esses pensamentos, de não tecer um diálogo com eles, mas acolhê-los assim como são, no momento em que estão. Sem combatê-los. Reconhecê-los e aceitá-los. Vocês estão aqui. Vocês são assim. Está tudo certo.

A *mindfulness* é uma das técnicas mais eficazes de reeducação ao "estar consciente". Somente através do gentil esforço feito sobre nossa atenção nos tornamos capazes de frear, também na vida real, o piloto automático com todas as suas desastrosas consequências.

O "estar presente" em nós mesmos permite reconhecer o contínuo fluxo de sensações, pensamentos, emoções, imagens, programações e ideias da mente, sem nos identificarmos e sentindo-nos menos vinculados a eles e mais livres para a ação.

Exercício 2

Preparem uma lista das atividades desenvolvidas no decorrer da manhã. O quanto vocês estavam realmente conscientes enquanto as desenvolviam?

Vocês conseguem estabelecer em que medida estavam realmente presentes e o que estavam fazendo ou pensando nesse mesmo momento? Guiem-se pelo esquema abaixo.

Atividade	Percentual de presença	O que, na realidade, estavam fazendo...
Acordar/Levantar-se	5%	Pensando no primeiro compromisso de trabalho
Tomar café da manhã	10%	Fantasiando
Vestir-se	20%	...

A capacidade de conter o piloto automático com nossas reações permite-nos ter uma visão mais nítida e real do presente, nos aceitando em nossas limitações, experimentando um bem-estar não excitado ou excitante, e uma autopercepção de nós mesmos como mais eficazes ou funcionais. Isso nos possibilitará escolher planos de ação mais adaptados à situação real, e não às nossas interpretações dela; mais alinhados com nossos valores profundos, e não com nossos medos ou desejos superficiais.

Em síntese, podemos nos concentrar em dois importantes fatores terapêuticos da *mindfulness*:

- a aceitação do momento atual e dos fenômenos internos e externos, do funcionamento de nossa própria mente e de nós mesmos;

- O foco no presente, não entrando nos processos mentais automáticos, comportamentais e somáticos (o piloto automático), sabendo sair deles quando nos apercebemos, não julgando e deixando-os ir.

Exercício 3

1. Sintonizemo-nos, quando possível, com a respiração em vários momentos do dia, observando o movimento respiratório na barriga durante dois ou três ciclos respiratórios. Isso certamente nos ajudará nos momentos de particular tensão.

2. Prestemos atenção nos nossos pensamentos e sentimentos no momento, simplesmente os observando, sem julgá-los e sem julgar a nós mesmos.

3. Ao mesmo tempo, prestemos atenção a eventuais mudanças no modo como nos surgem as coisas e no modo como nos sentimos com nós mesmos.

A esses fatores soma-se o "fazer consciente", isto é, o plano de ação que vem após a retomada de contato com o presente, que é projetado sobre a base da própria consciência e não da inconsciente e automática realização dos nossos desejos e dos nossos medos, das nossas interpretações e dos nossos julgamentos.

Exercício 4

Certamente nos ocorrerá, como a todos, desenvolver atividades de modo automático: tomar banho, comer, dirigir, caminhar. Iniciemos escolhendo uma que seja simples e que coloquemos em ação em um momento do dia em que podemos dedicar-lhes mais tempo do que o comum.

Propomos então viver a ação que escolhemos com consciência, focando a atenção sobre o que estamos fazendo, sobre as sensações que experimentamos, sobre os nossos movimentos. Sempre lentamente, com as mesmas modalidades com as quais exercitamos as práticas formais, assim como experimentamos a uva-passa. Como sempre, a mente se esvairá, e como de costume a traremos para a atividade que estávamos desenvolvendo. Assim, por exemplo, se decidimos nos focar em tomar banho: concentramo-nos na água que toca a pele; em sua temperatura; no sabão que, a partir do líquido, passa a ser espuma; no contato dos pés com a água; no som da água que cai no chão. Devemos somente prestar atenção à atividade que estamos desenvolvendo, de uma maneira que provavelmente fizemos pouquíssimas vezes até agora.

Trata-se de estarmos plenamente conscientes daquilo que experimentamos enquanto desenvolvemos uma atividade normal.

4. O que a *mindfulness* não é...

Existem centenas de lendas e interpretações incorretas sobre o conceito de meditação: não alcançaremos o Nirvana, não entraremos em transe nem em outro estado místico, tampouco acontecerá alguma experiência física ou psicológica, não nos tornaremos sábios num passe de mágica, nem monges. Veremos detalhadamente alguns desses preconceitos clássicos.

A mindfulness é uma técnica de relaxamento

O relaxamento é um componente-chave da meditação, uma consequência agradável, mas não é o objetivo principal. A meta é a consciência do momento presente, sem julgamento e com aceitação, também das emoções e dos pensamentos desagradáveis. O relaxamento se produz, às vezes, como consequência desse treino e exercício, mas não é o alvo principal nem mesmo intencional.

Praticar a mindfulness é perigoso: não se sabe aonde pode levar e talvez fuja ao controle

A meditação não nos leva a nenhuma parte, ao contrário, é um dos meios mais idôneos para nos fazer voltar ao presente e ao lugar em que estamos no momento. A *mindfulness* é um convite para olharmos para nós mesmos exatamente como somos, sem filtros na mente e sem querer colocar ou retirar dela algo em particular. Não nos leva a um lugar ilusório onde não há dor. Não é uma droga. Não nos isola da dor da vida. Para algumas pessoas particularmente tensas e inclinadas ao controle, pode favorecer o aparecimento de estados de ansiedade, mas não é a *mindfulness* em si que os produz, mas a resistência da mente que se rebela ao estar no *aqui* e *agora*, parada, sem dedicar-se a todas aquelas atividades que considera fundamentais. Nesses casos, convidamos as pessoas a exercitarem-se um pouco por vez, ou, ao aprenderem a *mindfulness* com um instrutor especialista, seria melhor que, nesse ponto, estivessem aptas a dedicar-se ao cuidado das posturas internas que se estão manifestando.

Alguns sujeitos, pela dificuldade particular e pessoal em manter os mínimos limites mentais (falamos de quem tem, por exemplo, sintomas psicóticos ou dissociativos), podem vivenciar experiências desagradáveis ou incômodas durante a meditação. São casos raros de pessoas com patologias ou ainda distúrbios. Em todo caso, a qualquer alarme, cada experiência desagradável experimentada durante a *mindfulness* é reversível espontaneamente ao interrompê-la, e assim, como dito antes, não depende da *mindfulness* em si, mas da amplificação das vulnerabilidades e dinâmicas pessoais já existentes. Em todo caso, aconselhamos praticá-la com instrutores especialistas e procurar também profissionais da saúde mental.

"Não sou capaz, não é para mim"

Frequentemente se pensa que a meditação seja reservada a pessoas elevadas, santas e iluminadas. Na verdade é uma prática que, salvo contraindicações relacionadas a situações particulares, funciona bem para todos. Começa-se devagar, como toda atividade, e o objetivo coincide com a consciência e a aceitação. Não com a iluminação! É, portanto, algo que todos podemos fazer, gradualmente e conforme nossas possibilidades.

A mindfulness é inatural e incompreensível

A meditação, conforme vimos nos primeiros parágrafos, tem uma longa tradição, e não faz nada além de solicitar mecanismos potencialmente presentes no ser humano e em mais nenhum outro ser vivente. Enquanto mecanismos em potencial, são treinados, não se manifestam de forma automática e simples; mas, uma vez que são presentes somente no ser humano, vale a pena treiná-los.

"Com a mindfulness... eu curo!"

O que estamos propondo é um caminho! Muito lento. Talvez sintamos os benefícios desde o início, mas não é a regra. A meditação não é um remédio automático para tudo, nem uma panaceia para todos os males. Não faz efeito rapidamente como um anti-inflamatório.

Além dos preconceitos já descritos, que estão entre os mais difusos, há ainda muitas outras ideias errôneas sobre a *mindfulness*. Vejamos uma breve lista de esclarecimentos:

- não é uma fuga da realidade, mas, ao contrário, convida a tomar pleno contato com ela;
- não é só atenção e concentração, ainda que sejam elementos fundamentais, mas consiste em uma série de habilidades e posicionamentos;
- não consiste na busca por nenhum tipo particular de experiência, mas sim, ao contrário, em acolher tudo o que experimentamos, mesmo quando decidimos não nos guiarmos por isso;
- não faz com que nos tornemos outra pessoa, mas nos convida a tomar contato com nós mesmos pelo que realmente somos;
- não é uma experiência religiosa, ainda que possa ser inserida em práticas de natureza religiosa;
- não consiste na busca da perfeição, mas, pelo contrário, convida à aceitação também daquilo que não

serve ou não nos agrada, apesar de estarmos empenhados na mudança dessas experiências;

- não nos pede para mudar os pensamentos negativos ou suprimir as emoções difíceis, mas nos convida a aprender a reconhecê-los, aceitá-los e tratá-los com gentileza, ainda que decidamos não ceder a eles;
- não é um tempo perdido enquanto a vida flui, mas um tempo que decidimos dedicar a nós mesmos, ao nosso conhecimento e cuidado.

5. Provas de eficácia

A medicina baseada em provas de eficácia (em inglês *Evidence-Based Medicine* – EBM) consiste no processo de levantamento, avaliação e uso sistemático dos resultados da pesquisa contemporânea como base para as decisões clínicas. Até alguns anos atrás, o conceito de *mindfulness* era praticamente ausente, seja na literatura de Medicina e Psicologia, seja nos artigos de pesquisa científica. Hoje, no *PubMed*, por exemplo, que atualmente é o motor de busca de artigos científicos mais notável no âmbito médico, o termo *meditation* é presente em mais de 12 mil publicações científicas dos últimos vinte anos. Centenas de universidades, institutos e centros de pesquisa produziram um grande volume de pesquisas voltadas a estudar o fenômeno.

Pois bem, nos últimos anos, mais de 1.500 pesquisas somente sobre a *mindfulness* foram publicadas em revistas científicas oficiais (as ditas *peer review*) e mais de 84 mil são artigos de divulgação (da *Google Scholar*).

Nos artigos científicos são demonstrados estatisticamente – com análises bioquímicas, eletrofisiológicas (eletroencefalograma, análise da variabilidade do ritmo cardíaco, análise das propriedades elétricas da pele), testes psicológicos com grupos de controle, *follow-up* – os relevantes efeitos clínicos, fisiológicos, emotivos, relacionais e psicológicos da meditação em suas várias formas, antigas e modernas: *mindfulness, vipassana*, ioga etc. Para sustentar cientificamente a consistência das relações entre a prática da *mindfulness* e o funcionamento psicológico geral, foram utilizadas estratégias de pesquisa científica muito variadas: dos questionários autoadministrados à ressonância magnética funcional.

Um ponto relevante foi distinguir entre uma *mindfulness* "de traço", isto é, entendida como característica estável da pessoa e mantida no tempo, e uma *mindfulness* "de estado", isto é, ocasionalmente, senão casualmente, presente em circunstâncias particulares: para certas pesquisas é importante que tenha a ver com a primeira (por exemplo, aquelas que pretendem estudar se as capacidades relacionadas à *mindfulness* de traço aumentam na proporção dos dias, meses, anos de prática); para outras, porém, é importante estudar a de estado (por exemplo, quando se procura compreender quais técnicas meditativas estimulam seu surgimento). Concentremo-nos, portanto, nas características de traço, características estáveis que pertencem a uma pessoa.

Mindfulness de traço

Diversas pesquisas demostram como altos níveis de *mindfulness* de traço produzem resultados positivos *ligados a um alto nível de bem-estar psicológico*. Ou seja: quanto mais uma pessoa é *mindfull*, mais está bem psicologicamente.

Foram também encontradas correlações positivas entre a prática da *mindfulness* e a vitalidade, a autoestima, a competência, a satisfação da vida, o otimismo, a capacidade de autonomia, as emoções positivas (BROWN; RYAN, 2003), a empatia (DEKEYSER et al., 2008), o bom humor (THOMPSON; WATZ, 2007), a conscienciosidade (GILUK, 2009), a flexibilidade cognitiva (MOORE; MALINOWSKI, 2009), a flexibilidade da atenção (HODGINS; ADAIR, 2010), a redução do sentimento de isolamento e de vários sintomas somáticos percebidos subjetivamente (como dor de cabeça, dificuldades digestivas, sensação de cansaço) e o aumento das emoções positivas (GARLAND et al., 2010). Foram evidenciadas, porém, correlações negativas com uma série de formas de mal-estar psíquico, em especial aquelas que implicam distúrbios de humor: vale dizer que, nesses casos, quanto mais altos os níveis de *mindfulness*, menor é a presença de um tom de humor negativo ou depressivo (SCHROEVERS; BRANDSMA, 2010) e menor também o risco de recaídas (CASH; WHITTINGHAM, 2010). A *mindfulness* parece ser um fator de proteção também sobre o humor.

Estandardização

Foi importante compreender quais seriam os modos e as "doses" de *mindfulness* necessários para chegar a esses efeitos. Para fins de pesquisa, portanto, foi determinante tornar disponíveis programas de ensino da prática que pudessem ser replicados todas as vezes do mesmo modo, para assim permitir estudar seus efeitos de maneira precisa.

Dois programas amplamente estudados são a Redução de Estresse Baseada em *Mindfulness* (MBSR) e a Terapia Cognitiva Baseada em *Mindfulness* (MBCT).

A MBSR é o treinamento de referência internacional para introduzir as pessoas à *mindfulness*. Esse programa demonstrou-se capaz de "reduzir uma série de sintomas de mal-estar psicológico", como: níveis de estresse psicológico (WILLIAMS et al., 2001); ansiedade percebida (SHAPIRO;

SCHWARTZ; BANNER, 1998); dificuldade para dormir (WALSH; SHAPIRO, 2006); depressão (GROSSMAN et al., 2010); raiva (ANDERSON et al., 2007); ruminação idealizadora, que é uma forma de pensamento circular dominante e monotemático que enjaula o indivíduo em um circuito fechado, alimentando sua emotividade (JAIN et al., 2007); desorganização cognitiva em que o pensamento se torna desconexo e a linguagem não é fluente (SPECA et al., 2000). Além disso, são evidentes as melhorias na qualidade de vida (KOSZYCKI et al., 2007) e nas capacidades de empatia (SHAPIRO; SCHWARTZ; BONNER, 1998), de perdão (OMAN et al., 2008), de espiritualidade (ASTIN, 1997), de compaixão (LUTZ et al., 2008) e de senso de coesão de si, isto é, a experiência de nos sentirmos únicos, separados, diferentes dos outros e com uma identidade íntegra e constante no tempo (WEISSBECKER et al., 2002). A participação nesse programa permite melhorar a longo prazo (6 meses) a sintomatologia de pessoas afetadas por distúrbios de ansiedade e depressão (VØLLESTADA, SIVERTSENA; HØSTMARK NIELSENA, 2011); em um grupo de veteranos (KEARNEY et al., 2012), os sintomas do distúrbio do estresse pós-traumático melhoraram significativamente, e em um grupo de estudantes de Medicina de alto nível (WARNECKE et al., 2011) reduziram-se os níveis de estresse e ansiedade. E ainda: em uma amostra de pacientes afetados por HIV, submetidos a esse treinamento, diminuíram os indicadores referentes à depressão, ao estresse e às emoções negativas. A prática da *mindfulness* demonstrou-se também inversamente associada à prevenção e a formas de *coping* baseadas na culpabilidade (DUNCAN, 2011); portanto, quem é mais *mindful* evita menos e enfrenta os acontecimentos críticos culpando menos os outros.

Enfim, após a participação em programas MBSR, foram encontradas mudanças cerebrais funcionais, como maior ativação do córtex frontal esquerdo, que é habitualmente associada a estados emotivos positivos (DAVIDSON, 2004), à resistência ao estresse (DAVIDSON; BEGLEY, 2012), e à maior ativação das áreas cerebrais que envolvem a capacidade de atenção (FARB et al., 2007).

Já a MBCT foi originalmente desenvolvida para prevenir as recaídas na depressão. Recentemente foi utilizada com os indivíduos de alto risco de suicídio. Nos últimos anos, um dos objetivos mais importantes foi o de levar em consideração a factibilidade da MBCT para os indivíduos com diagnóstico de distúrbio *borderline* de personalidade. Os resultados demonstraram que, quanto mais a *mindfulness* é praticada, mais se torna presente a consciência (SACHSE, KEVILLE; FEIGENBAUM, 2011). Pacientes com graves estados de ansiedade que participaram da MBCT durante três meses passaram a relatar maior bem-estar e redução dos sintomas ansiosos. Os resultados de outro estudo em uma população "não clínica" de participantes (pessoas que não estavam em terapia), que analisou o impacto dessa terapia sobre a depressão, sobre a ansiedade e sobre comportamentos disfuncionais, revelaram que esse treinamento era eficaz no apoio aos participantes para enfrentar seus sentimentos de ansiedade e de depressão, antes, durante e depois das circunstâncias estressantes (KAVIANI, JAVAHERI; HATAMI, 2011).

Em relação aos mecanismos de funcionamento, presume-se que a meditação *mindfulness* influencie a gestão das emoções e que possa, portanto, reduzir os fatores de vulnerabilidade cognitiva típicos dos momentos posteriores a uma depressão. Os pacientes depressivos que participaram do treinamento MBCT demonstraram menor atenção às informações/ideias/pensamentos negativos e, por outro lado, intensificaram a atenção sobre as informações positivas (DE RAEDT et al., 2012). Além disso, apresentaram menos recaídas em episódios depressivos (MA; TEASDALE, 2004), ou, ao menos, um prolongamento do tempo entre um episódio depressivo e outro (BONDOLFI et al., 2010) e, finalmente, melhor qualidade de vida após o final do episódio de depressão (GODFRIN; VAN HEERINGEN, 2010).

Um estudo bem recente explorou também os efeitos imediatos de um curso de MBCT para pacientes depressivos de longa data e com histórico de várias tentativas de suicídio, focando em particular na capacidade de terem objetivos importantes para o futuro. Os resultados demonstraram como alguns participantes relataram metas de vida muito mais específicas após o tratamento (CRANE et al., 2012).

Mindfulness e o cérebro

Devemos observar, fechando este capítulo, que, após o aprendizado e a prática da *mindfulness*, foram verificadas modificações na qualidade da atenção e na regulação das emoções, bem documentadas por indicadores subjetivos, comportamentais e neurobiológicos (TREADWAY; LAZAR, 2009). Além disso, pessoas com experiências consolidadas de *mindfulness* apresentaram um aumento da espessura em algumas regiões do cérebro (em particular a espessura do córtex pré-frontal e da ínsula anterior, mais à direita), envolvidas nos processos de atenção, na interocepção e na elaboração dos dados sensoriais (LAZAR, KERR; WASSERMAN, 2005).

Em pessoas habituadas a praticar a *mindfulness*, encontra-se também uma maior densidade de massa cinzenta em áreas cerebrais que se ativam durante a prática, isto é, a ínsula anterior lateral, o giro frontal inferior esquerdo e o hipocampo direito (HÖLZEL et al., 2008).

Ainda sobre a ínsula, outros pesquisadores relacionaram sua específica ativação – graças às práticas de *mindfulness* aprendidas, ainda que com somente 8 semanas de treino – ao desenvolvimento de capacidades empáticas (FARB et al., 2007, 2010). Os efeitos sobre o sistema nervoso não se limitam a melhorar seu funcionamento, uma vez que outros estudos, particularmente os de Sara Lazar et al. (2005), mostraram através da ressonância magnética funcional que o córtex cerebral de pessoas com uma prática meditativa há mais de dez anos era mais espessa em relação ao de pessoas que não meditam, de forma diretamente proporcional ao tempo dedicado à prática, em três áreas cerebrais precisas: a parte anterior da ínsula, o córtex sensorial e o pré-frontal.

No que se refere aos neurotransmissores, o que se evidencia é um marcado aumento da liberação do neurotransmissor dopamina em algumas zonas cerebrais específicas (KJAER et al., 2002), que pode ser associado a um aumento da consciência sensorial.

Aliás, diversos estudos constataram um aumento dos níveis de melatonina e serotonina no sangue, os neurotransmissores envolvidos no equilíbrio do humor, no desenvolvimento de emoções positivas, na prevenção do estresse (NEUMEISTER, 2003; HARINATH et al., 2004; SOLBERG et al., 2004), na sensação de bem-estar e de positividade (RUBIA, 2009), e também nos processos de envelhecimento (BRZEZINSKI, 1997).

Em síntese

→ A palavra *mindfulness* pode ser traduzida em português como "atenção plena". É uma forma de meditação, laica e psicológica, que tem suas origens no interior das tradições orientais, filosóficas e espirituais, voltadas à busca da consciência. Inspira-se, particularmente, na meditação budista do tipo *vipassana* e também na zen.

→ O objetivo da *mindfulness* é a expansão da consciência de si, no aqui e agora, sem julgamento e com aceitação. São várias as formas com as quais pode ser aprendida: autonomamente, dentro de programas estruturados ou em programas de psicoterapia, através de práticas formais e informais. A *mindfulness* é a prática de meditação e também o modo de viver a ela relacionado, aprendido a partir dela e que, por sua vez, a favorece.

→ As habilidades e os comportamentos treinados com a *mindfulness*, e que fazem com que ela se desenvolva dentro de nós, nos permitem ser sempre mais presentes no *aqui* e *agora*, conscientes do que acontece no nosso interior, dos nossos filtros interpretativos da realidade e de como produzimos ou alimentamos nosso sofrimento, ajudando-nos a viver o sofrimento inevitável e dando-nos a possibilidade de fazer escolhas mais conscientes e intencionais.

→ A *mindfulness* nos permite reconhecer os conteúdos de nossa mente (sensações, pensamentos, emoções, imagens, programações) sem nos identificarmos com eles (desidentificação) e nos sentindo, portanto, menos vinculados a ele e mais livres na ação (desautomatização). Assim, requer um novo modo de relacionar-se consigo mesmo e com a vida em geral. A *mindfulness* é um treino que nos prepara para a vida. Requer tempo, energia, constância.

→ Atualmente, as abordagens estandardizadas que se baseiam na *mindfulness* são: a Redução de Estresse Baseada em *Mindfulness* (MBSR), um verdadeiro minitreino de instrução na meditação consciente, e a Terapia Cognitiva Baseada em *Mindfulness* (MBCT), uma adaptação da MBSR, com enfoque mais clínico/terapêutico.

2

A *mindfulness* como atitude e estilo de vida

Por Emiliano Lambiase
"Por que a tua mente tanto se aventura",
disse o meu mestre, "em vãos impedimentos"?
O que te interessa o que aqui se murmura?
Vem e ignora das gentes os comentos:
sê como torre que nunca estremece
seu firme cimo por soprar de ventos;
pois sempre aquele a quem intento cresce
sobre intento, de si afasta seu fito
que a força de um a do outro enfraquece"
(Purgatório V, vv. 10-18).[*]

A *mindfulness* é muito mais que mero conjunto de práticas e exercícios: procura transmitir um verdadeiro modo de ser que, em exercícios formais e informais considerados como ginástica de base, encontra seu completo sentido na utilização, na vida cotidiana, das habilidades e atitudes treinadas nas práticas iniciais.

---

[*] Trecho extraído de ALIGHIERI, Dante. *A Divina Comédia*. Edição bilíngue. Tradução e notas de Ítalo Eugenio Mauro, São Paulo: Editora 34. [N.E.]

A *mindfulness*, ao contrário do *modus operandi* dos instrumentos tecnológicos hoje à disposição e diferentemente das expectativas de muitas pessoas diante da dor, ao invés de nos distrair e nos anestesiar, ajuda a entrar na dor, a ver claramente os hábitos de nossa mente que provocam sofrimentos inúteis, e nos oferece um modo para enfrentá-los.

Nossa mente raramente aprecia o momento presente e, ao contrário, é normalmente focada na próxima tarefa a se fazer, no próximo problema a se resolver ou no próximo medo a se evitar.

A *mindfulness* oferece uma maneira de reconhecer esses mecanismos, um instrumento para modificá-los e um apoio para aproveitar a vida no momento presente, não obstante as inevitáveis dificuldades que nos acompanham. Permite-nos alterar uma conduta comum a muitíssimos tipos de sofrimento: a busca constante por um estado de maior bem-estar, com a consequente fuga do desconforto, manifestando com esse comportamento a intensificação do próprio sofrimento. Uma variedade surpreendente de problemas se origina, de fato, das nossas tentativas de nos liberarmos deles. Pensemos, por exemplo, em todas as discussões que acontecem porque não aceitamos que alguém nos possa incomodar, ou em todas as situações em que constantemente remoemos nossas decisões à procura daquela que seria perfeita, ou ainda quando não estamos nunca satisfeitos com o que fazemos porque não é da forma que gostaríamos. Em todos esses casos, começamos a remoer ou a nos empenhar concretamente para mudar a realidade, buscando torná-la perfeita conforme os parâmetros estabelecidos por nós. Sendo impossível, não só continuamos a sofrer, como somamos ainda o estresse, a ansiedade, a raiva produzida pelas nossas tentativas e esforços para eliminar a dor de origem. Ajudando-nos a viver de novo modo a experiência do momento presente, a *mindfulness* oferece uma solução a essas buscas sem solução.

Pensamento e planejamento, por mais que sejam maravilhosos e úteis, estão no meio do nosso sofrimento psicológico cotidiano, visto que, diferentemente de outros instrumentos concretos, não nos podemos livrar deles. Estão sempre dentro de nós. Podemos também decidir parar de pensar ou remoer algo, mas, não sendo possível deixar essas atividades em casa, como faríamos com um telefone, pouco tempo depois ressurgirão em nossa mente. Se observarmos dentro de nós, nos daremos conta facilmente de que pensamos continuamente e não raro elaboramos pensamentos sobre nosso pensamento, julgando o que pensamos.

Exercício 1

Tentem, por exemplo, dedicar 5 minutos a observar a mente de vocês ou focar a atenção em um objeto qualquer, e verifiquem se conseguem impedir que se formem palavras ou imagens em suas mentes.

Se depois observarmos o conteúdo dos nossos pensamentos, na maior parte dos casos não se referem ao que é real e presente, mas, sobretudo, ao passado, ao futuro, aos desejos e às estratégias para afastar a dor e aumentar o prazer. Passamos mais tempo pensando na vida do que a vivendo! Na verdade, nem mesmo isso é correto, porque pensamos na vida não como tal, mas a interpretamos e avaliamos com base no filtro dos nossos sentidos e da mente moldada ao longo de nossa experiência. Quase passamos, portanto, mais tempo em uma "realidade paralela" do que na "realidade real"!

Pensando continuamente, na tentativa de maximizar o prazer e reduzir a dor, desperdiçamos boa parte da potencial riqueza da vida; por causa desse comportamento, torna-se difícil apreciar a plenitude do mundo e fácil perder informações importantes.

Outro "programa" pré-instalado em nossa mente parece ser o aumento da autoestima (da qual falaremos de forma mais ampla no próximo capítulo). Isto é, queremos ter e manter um bom conceito de nós mesmos e, para isso, recorremos com frequência a estratégias como a comparação com os outros, a sentimentos de inveja ou de superioridade, à competição com nós mesmos, com os outros e com a vida em geral.

Entre outras coisas, nossa mente tem a capacidade de examinar continuadamente a mesma situação e modificar os parâmetros com os quais julgá-la, elevando sempre mais o nível das expectativas. Além disso, alteramos constantemente o nível de prazer que consideramos suficiente: nossa mente continua a considerar que a realização dos nossos objetivos e, portanto, de nós mesmos esteja em outro lugar, em um futuro imaginário ou em uma realidade imaginária. Esquecemos, assim, de viver e aproveitar o presente por aquilo que é, de buscar nos querermos bem simplesmente por aquilo que somos e que temos a possibilidade de ser e compartilhar, preferindo monitorar constantemente nossa posição no "bando" e nos avaliarmos com base no que podemos ter ou fazer.

Quando nos comportamos assim, damos pleno espaço ao nosso lado animal e não somos mais que mamíferos inteligentes programados a buscar o prazer e a evitar a dor, a tentar subir de categoria no bando, a obter admiração, funções, reconhecimentos e sucessos. Infelizmente, por nossa própria natureza humana, desilusões e sofrimentos são inevitáveis e, além de tudo, somos muito habilidosos em imaginar continuamente situações negativas; como se não bastasse, parece que, para favorecer a sobrevivência, evoluímos para notar e lembrar demais as coisas que produzem sofrimento, e essa sensação, hoje, na ausência de reais perigos de vida, nos leva a superestimar o valor das nossas preocupações, ainda que banais, como se estivesse em jogo nossa própria existência.

Conseguimos, de fato, nos irritar e discutir furiosamente por coisas fora de lugar ou não feitas como gostaríamos, ou nos preocuparmos com nosso futuro, se algo não funciona como tínhamos esperado, ou se alguém não nos aprecia como ou o quanto gostaríamos. Remoemos com frequência eventos passados temendo a influência deles sobre nosso futuro, sem nos darmos conta de que a maior influência está sobre nossa atitude de fechamento em nosso teatro interior, no qual somos roteiristas, diretores e atores. Então, enquanto vivermos em nossas cabeças, perdidos em narrações voltadas ao passado e ao futuro, e àquilo que desejamos e tememos, experimentaremos muita dor. Ao não reconhecer que o sofrimento se origina de hábitos mentais e não diretamente dos nossos fracassos pessoais, complicamos nossas dificuldades e, buscando nos defender pela elevação de nossa autoestima, não faremos outra coisa senão aumentar os nossos temores e os nossos sofrimentos.

Um dos escapes preferidos de nossa mente para enfrentar todos esses problemas é distrair-se, fragmentando e dispersando a atenção em qualquer coisa que a possa capturar. Os instrumentos tecnológicos atualmente disponíveis constituem aliados formidáveis para colocar em prática esse mecanismo, amplificando-o e tornando-o sempre mais automático, garantindo verdadeiras realidades alternativas nas quais entrar, passando pela porta da distração. Desse modo, junto à distração, obtém-se também uma série de consequências negativas, como a dificuldade de entrar em contato com as próprias emoções e com a realidade em geral, a redução da capacidade de concentrar-se e de ter uma visão conjunta das coisas, de experimentar compaixão, de construir uma identidade constante e coerente, bem descrita por autores como Carr (2010, 2014) e Spitzer (2012, 2013), que se dedicaram a analisar os efeitos negativos do uso da tecnologia digital.

A *mindfulness*, antes de ser uma técnica e uma estratégia psicológica codificada com o objetivo de ser ensinada e praticada, desenvolveu-se através de milhares de anos de evolução cultural e religiosa com a finalidade de transcender nossa experiência imediata, para sairmos de nós mesmos e entrarmos em contato com o externo (os outros, a natureza, a divindade), e como antídoto das nossas mentes, que tornam a vida muito mais difícil do que já pode ser por si só.

1. A *mindfulness* como atitude

A *mindfulness* não é só uma técnica para reduzir alguns sintomas ou produzir uma série de benefícios, mas é uma *atitude de consciência e aceitação amorosa* com a qual nos relacionamos com nós mesmos, com os outros e com o mundo no momento presente.

Tornarmo-nos conscientes significa observar para onde vai nossa mente momento a momento. Isso implica nos darmos conta das muitas formas com as quais nossa mente se distrai e se preocupa. A maior parte de nós é habituada a viver tão distraída que nem mesmo percebe ou não consegue imaginar um modo de ser diferente.

As práticas de concentração são úteis para acalmar a mente quando está agitada, desenvolver a estabilidade mental, reconhecer a riqueza da vida e aumentar a consciência do que está acontecendo na mente, minuto a minuto.

Para praticar a *mindfulness* é preciso certo grau de concentração, sem a qual não poderíamos observar o funcionamento da mente e nos perderíamos em nossos pensamentos em relação ao que está acontecendo em seu interior em vez de experienciar diretamente. Como a concentração é o fundamento da prática da *mindfulness*, boa parte dos exercícios, sobretudo os de base e os de protocolos estruturados, é orientada prevalentemente (mas não exclusivamente) à obtenção desse resultado. Estarmos concentrados significa viver verdadeiramente o que está acontecendo no presente, estarmos atentos ao que se está fazendo em vez de agir de modo automático, apreciar o momento atual em vez de desejar que termine. Significa atentar-se ao próprio corpo e às sensações que experimentamos enquanto fazemos uma ação, saborear a comida enquanto comemos e dedicar atenção aos nossos amigos e às pessoas que amamos quando estamos com eles em vez de nos distrairmos, por exemplo, com nosso *smartphone*. Significa estarmos presentes em nossa vida com empenho total.

Significa enxergar como o trabalho excessivo da mente discursiva tende a nos separar, nos dividir, nos desconectar da vida real presente. Quanto maior a identificação com nossos pensamentos, mais eles formam barreiras que nos separam daquilo que acontece *hic et nunc*, nos afastando de nós mesmos e dos outros.

A aceitação nos permite estarmos abertos à dor e ao prazer, abraçar sejam as vitórias, sejam as derrotas, e sermos compassivos com nós mesmos e com os outros. Faz-nos acolher as partes de nossa personalidade que gostaríamos de mudar, eliminar ou esconder. Graças ao ensino da aceitação do presente e daquilo que apresenta, interna e externamente, a *mindfulness* nos permite trabalhar de modo eficaz com o medo, a preocupação, a tristeza, a depressão, a dor física, as dificuldades interpessoais e todas as outras dinâmicas que perduram ou se amplificam, sobretudo, pelo nosso comportamento de recusa em relação a elas. A aceitação, portanto, gerando compaixão para conosco e para com os outros, é um estímulo formidável para a mudança e para aprender a conviver com aquilo que não se consegue mudar.

Todas as práticas de base da *mindfulness* requerem dirigir a atenção para sensações corporais particulares e observar os conteúdos da mente sem procurar modificá-los. Essa atitude visa cultivar a consciência da experiência presente como premissa necessária para aprender a observá-la com aceitação. A aceitação é problemática porque nossas mentes têm a tendência implacável de julgar e, além disso, nos condenamos porque não nos concentramos bem, pensamos demais ou sentimos algo que não deveríamos sentir.

Exercício 2

Experimente dedicar 15 minutos a um exercício de *mindfulness* e anote cada vez que lhe ocorre de expressar um julgamento, uma avaliação ou uma interpretação sobre tudo o que lhe chama a atenção. Praticando esse exercício, podemos começar a notar com qual frequência emitimos julgamentos que não coincidem com a realidade observada, conseguindo aprender progressivamente não só a não confundi-los com a realidade, mas a não nos guiarmos por eles.

A *mindfulness* nos ajuda a aliviar a preocupação constante com nós mesmos. Na maioria das vezes, o que torna nossa realidade dolorosa são as implicações que pensamos ter para nós mesmos. Ainda que frequentemente não percebamos, não são os acontecimentos em si que nos fazem sofrer, mas o temor das consequências desses eventos em nossa vida: minha reputação, meu sucesso, minha gratificação, minha segurança, minha serenidade, minha autoestima, minha imagem aos olhos dos outros. Estamos prontos para imaginar o que cada evento poderá significar para nós, no presente e no futuro, e com base nisso pensamos, avaliamos, tomamos decisões e realizamos ações. A *mindfulness* pode nos ajudar a cuidarmos menos daquilo que ocorre a este "eu". Dá-nos a liberdade de agir de modo mais sábio e ágil nas decisões cotidianas, uma vez que nos obcecamos menos pelas implicações daquilo que fazemos em relação ao nosso bem-estar e cuidamos mais do quadro geral das coisas. Basta pensar na atitude constante de todos os exercícios propostos pela *mindfulness*: colocar em segundo plano as sensações, os pensamentos ou as emoções desagradáveis, mesmo as reconhecendo e observando sua presença, para voltar intencionalmente nossa atenção àquilo que estamos escolhendo observar. A *mindfulness*, portanto – desde os exercícios formais até aos informais –, treina atitudes e habilidades relacionadas que, então, passamos a realizar também em nossa vida. Praticá-la se torna uma escolha de vida em relação a quem desejamos ser.

Isso nos permite viver cada dia com um senso de dignidade pelo modo como vivemos e de reconhecimento por aquilo que vivemos. Até mesmo o simples ato de praticar a *mindfulness* formal já é uma mudança muito poderosa, uma vez que requer que aceitemos afastarmo-nos do mundo e dedicarmo-nos ao nosso crescimento humano e espiritual ao invés de acumular ações para nos sentirmos melhor e ter o controle sobre a realidade e sobre nossa vida, deixando que o mundo flua na nossa ausência, descobrindo que isso não só é possível e não é nocivo, como também é agradável e salutar. Praticar a *mindfulness* quer dizer escolher-se, não em sentido narcísico, mas compassivo.

2. O problema comum

A *mindfulness* tem a capacidade de ajudar em numerosas situações porque treina habilidades úteis em geral na vida e leva a superar algumas dificuldades comuns à maior parte dos problemas; permite treinar as zonas do cérebro aptas a nos ajudar a gerir o sofrimento e a enfrentar a realidade de modo flexível e criativo; possibilita trabalhar um elemento comum a tantos problemas: a fuga; ajuda a desenvolver atitudes fundamentais: a atenção, a compaixão e o cuidado do e no *hic et nunc*.

Ter ideias claras sobre como seria enfrentado um problema geralmente não basta; é necessário ter as capacidades para fazê-lo. Assim como não basta saber correr ou saltar para ser bom no salto em altura ou na corrida de obstáculos; é preciso também um treinamento capaz de nos ensinar a técnica e fazer-nos desenvolver as características físicas para pôr em prática um determinado desempenho. A *mindfulness* faz isso: ensina-nos como gerir melhor nossa mente nos momentos de dificuldade e, enquanto a praticamos, facilita também o desenvolvimento das zonas e atividades do cérebro necessárias à prática daquelas habilidades. Como todo treinamento, porém, requer tempo, constância e dedicação.

Como já visto no primeiro capítulo, a maior parte do sofrimento psicológico vem da tentativa de evitar o próprio sofrimento. Afinal, no centro das nossas dificuldades estão nossos esforços de nos afastarmos da dor.

Esse fenômeno compreende tudo aquilo que fazemos para tentar excluir, evitar, negar, atenuar ou nos livrar de qualquer modo do mal-estar: não queremos que as pessoas nos falem de certa forma, não queremos esperar, não queremos obter menos do que consideramos que merecemos, não queremos que os outros arrumem as coisas de forma diferente de como nos agrada, não queremos estar cansados, não nos queremos entediar, não queremos ser contrariados ou estar errados. O problema é que a maior parte dos atos postos em prática para rápidas soluções, quando o objetivo primordial é a eliminação constante e definitiva do desconforto, a longo prazo piora a situação, pela constante busca por distração, até chegar aos comportamentos autolesivos reais, como os vícios, hoje cada vez mais difundidos, sobretudo, no âmbito das tecnologias digitais.

O sofrimento é um elemento imprescindível da vida e, por mais que tentemos reduzi-lo ou eliminá-lo, não podemos fazer disso um objetivo central e prioritário da existência, sob a pena de ingressar em uma espiral sem fim de busca e aplicação de soluções sem resultados estáveis ou significativos.

A *mindfulness* ensina, porém, a conviver e a aceitar o sofrimento e a dificuldade por aquilo que são, a encará-los de frente e a compreendê-los. Essa atitude oferece os melhores instrumentos para uma eventual mudança, para continuarmos a viver com aquele sofrimento que não conseguimos mudar, evitando que nos esmague, e para nos dedicarmos a nossa vida sem nos distrairmos extremamente.

Quando realizamos a *mindfulness*, através de práticas formais ou informais, exercitamo-nos a conviver com qualquer experiência que se esteja verificando no momento, sem fazer nada para modificá-la ou evitá-la, prestando atenção em como são as coisas verdadeiramente em vez de como gostaríamos que fossem. No lugar de procurar afastar o incômodo, trabalhar intencionalmente para incrementar nossa capacidade de observá-lo e sustentá-lo, não passivamente ou como uma súbita injustiça, uma submissão necessária. No decorrer de várias meditações, de fato, treina-se a continuação da meditação, não obstante os incômodos ou as dores físicas, aprendendo a desviar a atenção para o exercício ou, ainda, fazendo daquele inconveniente um objeto de atenção, e não um hóspede indesejado.[1] O mesmo, então, é feito com todos os sofrimentos e as preocupações que espontaneamente povoam nossa mente durante a prática, também recordando intencionalmente alguns deles com o fim de aprender a gerir de forma diferente os desapontamentos que nos causamos.

Na prática da *mindfulness*, portanto, mudamos nossa relação com as experiências difíceis: ao invés de procurar fugir ou evitá-las, andamos ao encontro delas. Com o tempo, elas se tornam cada vez mais fáceis de administrar e tolerar, e não nos deixamos dominar tão facilmente; além disso, ao conhecê-las sempre melhor, temos mais possibilidades de

---

[1] No fundo, Jon Kabat-Zinn começou a introduzir a *mindfulness* em sua prática clínica justamente para ajudar as pessoas afetadas pela dor crônica a lidar com os seus sofrimentos, conseguindo obter, como resultado, uma redução da dor real, uma redução da dor percebida e também uma melhor convivência com a dor residual.

fazer algo para mudá-las: atenção e aceitação são as premissas necessárias para a mudança possível. Em primeiro lugar, a mudança da nossa atitude em relação ao que observamos e interpretamos.

3. Tipos de prática de *mindfulness*

Podemos obter esses resultados através de vários tipos de prática de *mindfulness*.

A prática da *meditação formal*, explicada de forma mais detalhada no primeiro capítulo, requer que encontremos tempo para dedicar à "academia mental". Graças a essa prática desenvolvemos certo grau de concentração, que permite focar melhor nossa atenção sobre um propósito preestabelecido, quer do mundo externo, quer do nosso corpo ou da nossa mente. Qualquer que seja o motivo que afeta nossa mente ou ao qual dirigimos nossa atenção, nos dispomos a estar cientes dele e aceitando-o como é. Ao mesmo tempo, desenvolvemos maiores capacidades de suportar incômodos físicos e distrações cognitivas e emotivas. Treinamo-nos, portanto, nas duas atitudes e nas competências de base para colocá-las em prática: *atenção não julgadora e aceitação compassiva*.

Já a *prática informal* consiste em lembrar-nos, no decorrer de todo o dia, de prestar atenção ao que acontece momento a momento. Desse modo, praticar a *mindfulness* significa notar as sensações do caminhar quando caminhamos, o gosto da comida quando comemos, os detalhes da paisagem quando passamos por ela. Por ser difícil praticá-la com constância ao longo de todo o dia, inicia-se escolhendo atividades específicas a serem realizadas com consciência.

O modelo das práticas informais é muito simples. Escolha um objeto ou uma atividade para observar. Uma vez escolhido o objeto da sua meditação, dirija a ele toda a sua atenção, buscando utilizar todos os sentidos possíveis, e, cada vez que se distrair, gentilmente volte a prestar atenção. Dirigir, ler, escutar, caminhar, tomar banho e qualquer coisa que venha à mente, basta dedicar-lhe atenção exclusiva, sem julgar, e quando a mente vaguear, conduzi-la de volta ao objeto da meditação. Escolha uma atividade à qual possa prestar atenção todos os dias, por uma semana, e mantenha um diário para ir registrando as dificuldades e progressos.

As oportunidades de prática informal são potencialmente infinitas. Toda vez que não for necessário estarmos empenhados em projetos ou pensamentos, podemos simplesmente voltar a atenção sobre o que está acontecendo na nossa consciência sensorial. O mesmo vale para quando, muito ocupados com alguma coisa, sentirmos que nossa mente está nos levando ao mundo das preocupações. Desse modo, podemos voltar a nos ancorar na realidade, a observá-la ao invés de interpretá-la ou querer mudá-la a todo custo, controlando nossa mente ao invés de nos deixar dominar por ela.

Existe uma diferença substancial entre notar algo (por exemplo, ver um objeto colocado fora de lugar em casa), analisar algo que notamos (por exemplo, formular uma avaliação negativa sobre nós mesmos ou sobre alguém: "Sou/é sempre o mesmo!") e, enfim, esforçar-se para que aquilo mude conforme nossos padrões (por exemplo, criticando e reprovando a nós mesmos ou os outros, procurando obrigá-los a se conformarem aos nossos modelos). Ou então entre observar um aspecto do nosso corpo ou do nosso caráter e julgá-lo desagradável e, por isso, nos considerarmos inadequados, fazendo de tudo para eliminá-lo ou escondê-lo. Ou, ainda, entre tirar uma nota alta em um exame (por exemplo,

08/10) e considerá-la não correspondente às nossas expectativas (julgando mal, portanto, a nós mesmos ou o professor que a deu), chegando a assumir comportamentos perfeccionistas deletérios (como, por exemplo, postergar um exame até que nos sintamos perfeitamente prontos, sempre rejeitar as notas, devendo repetir os exames continuadamente, passar horas fechados em casa estudando e negligenciando o resto da vida). Em todos esses casos, a *mindfulness* ajuda a reconhecer e a distinguir os diferentes processos mentais e a exercitá-los conscientemente, ao invés de considerar justificada nossa maneira de nos comportarmos como consequência inevitável de uma avaliação objetiva, que não é outra coisa senão nossa avaliação pessoal de uma realidade observada.

Ainda que alguém se beneficie ao buscar ser cotidianamente mais presente com a prática informal, é a prática formal que nos permite ver com clareza o quanto a mente se distrai, o que isso pode significar, bem como qual o efeito de estarmos realmente presentes e como executar a mudança. Cada prática sustenta a outra como treinamento e na produção de atitudes interiores de atenção e aceitação: reforçam-se nos resultados e na motivação.

Às vezes essas duas práticas podem ser aplicadas em retiros de um ou mais dias, quando é dado espaço tanto aos treinamentos formais quanto informais.

Obviamente, como toda habilidade, os resultados dependem da constância e da frequência dos treinamentos. Praticá-los ocasionalmente ou por pouco tempo não será de muita ajuda. Além disso, a prática não é imaginada simplesmente como um treinamento do qual se livrar uma vez alcançados os objetivos. A *mindfulness*, sendo uma atitude com a qual viver a vida, é o resultado a ser alcançado, e as práticas formais e informais são o instrumento para obtê-lo. O instrumento, porém, não poderá nunca ser separado totalmente do resultado.

Para que um treinamento como esse tenha sentido, porém, é necessário somar um terceiro tipo de prática: buscar aplicar na própria vida aquilo que é exercitado nas práticas formais e informais.

Exercício 3

Mantenham por uma semana um diário no qual anotar, se possível, no momento em que ocorre ou ao final do dia, em quais ocasiões reconhecem que teria sido importante ser *mindful*. Se repetirem esse exercício no decorrer do tempo, verão enormes diferenças, porque na realidade não nos damos conta realmente do quanto somos distraídos, do quanto interpretamos a realidade ao invés de observá-la, do quanto somos influenciados pelo passado nas nossas escolhas, e não a partir de uma avaliação do presente e dos nossos valores. Ao longo do tempo serão notadas cada vez mais coisas, e cada vez mais no momento em que ocorrem, ao invés de percebê-las depois.

Muitos pacientes nos perguntam: "Mas até quando devo desenvolver essas práticas?", "Mas depois, quando parar, voltarei a ser como antes?". Estas perguntas evidenciam uma série de erros. O primeiro, muito simples e comum, é o de querer estar melhor sem mudar, ou de querer mudar sem ser diferente. A *mindfulness* ensina uma forma diversa de ser que nos permite viver melhor. O segundo erro, que na realidade é um reflexo do anterior, é o de pensar que na vida podemos adquirir habilidades de modo definitivo, assim como devemos ter uma identidade definitiva. A vida, na realidade, é um processo dinâmico e não um objeto estático, por isso não é possível manter uma determinada habilidade sem cultivá-la, e quem pratica um esporte sabe muito bem disso.

Aquilo que aprendi para viver melhor será posto em prática infinitamente, para eu continuar a viver melhor. O que acontecerá, porém, é que, se eu superar o primeiro obstáculo de querer estar melhor sem mudar, não terei mais o que fazer com as técnicas e estratégias (incômodas) utilizadas somente para reduzir sintomas ou produzir vantagens: as práticas se tornarão o meu novo modo de ser. O que mudará é que será menos necessário aplicá-las formalmente, uma vez que estarão cada vez mais integradas na vida cotidiana.

O corpo é o *medium* através do qual praticar a *mindfulness*. Nosso corpo nos coloca diante dos nossos limites, mas, justamente em virtude disso, pode se tornar nossa primeira escola de vida. Além disso, praticando a *mindfulness* por meio do corpo, ele se torna a primeira testemunha e o primeiro lembrete dos nossos ensinamentos, às vezes os colocando em prática automaticamente, às vezes nos lembrando de praticá-los.

Vivemos sempre nos nossos corpos, mas o fazemos distraidamente, sem sentir o que advém dele. A *mindfulness* é um olhar-se para dentro com afeto, compreendendo tudo aquilo que o corpo nos conta, sem julgá-lo e evitá-lo, sem comentar ou interpretar.

Parar de lutar contra as sensações do corpo é um início fundamental para conseguirmos parar de lutar contra nós mesmos e com os outros.

Além disso, praticar esses exercícios formais, verdadeiramente essenciais, é um ato de cuidado para consigo mesmo, em que você toma conta de si intencionalmente, escolhendo-se no lugar das coisas que quer realizar ou resolver, no lugar das próprias expectativas e desejos, conseguindo, portanto, distinguir-se desses desejos e expectativas, bem como dos pensamentos e das emoções que os alimentam.

4. A *mindfulness* na vida

A *mindfulness*, graças ao seu desenvolvimento e avanços no tempo, permite o emergir de algumas características interiores geralmente encobertas pelo barulho da vida cotidiana e pelo fluxo frenético dos pensamentos.

Uma característica inicial é a *recuperação da nossa capacidade de nos surpreendermos*, de aproveitar as novidades e o frescor de cada experiência, reconhecendo o incomum também nas experiências mais normais e habituais. Isso nos reconecta ao senso de curiosidade e novidade típico da chamada "mente de principiante".

Outra característica é *acolher as experiências sem julgá-las*. O julgamento sobre a adequação, sobre a oportunidade ou sobre a natureza – desagradável, agradável ou neutra – acaba por se tornar um filtro à complexidade da nossa experiência e ativa expectativas positivas ou negativas, deixando-nos desconectados da própria experiência e da nossa percepção. Desse modo, praticar a *mindfulness* é um gentil convite a não julgar. Não julgar significa também – talvez sobretudo – reconhecer as coisas tais como são, em sua íntima essência, permitindo-nos entrar em contato com elas sem o filtro dos nossos julgamentos e preconceitos.

Embora a prática requeira disciplina e constância, é necessário levá-la adiante sem forçar-se, aceitando pausas, paradas, perdas de consciência como momentos do nosso ser no presente, assim como somos. Não se esforçar significa continuar a dedicar-se para aprender sem a tensão de dever alcançar um resultado preestabelecido, aceitando o fato de estar justamente no ponto em que estamos naquele determinado momento de nossa vida.

Este percurso, passo a passo, nos leva a desenvolver uma atitude natural equitativa: o ponto é simplesmente reconhecer onde se está, sem pensar que esteja errado, pior ou melhor que em outro lugar. Desse modo, podemos desenvolver outras duas características da *mindfulness*: a *confiança na própria experiência* e *uma atitude compassiva em relação a si mesmo* (isto é, uma aceitação amorosa de nós mesmos, incluindo os nossos sofrimentos e dificuldades, conforme teremos oportunidade de definir e discutir no próximo capítulo). Uma confiança que não significa autojustificação e manipulação da verdade, mas, sobretudo, a liberdade que nasce de encontrar a própria experiência e acolhê-la com um olhar compassivo.

Consideremos agora alguns âmbitos específicos da vida nos quais a aplicação da *mindfulness* e das atitudes que nos transmite pode fazer a diferença.

Medo

O medo é uma reação emotiva inata do nosso corpo e da nossa mente em relação a toda ameaça percebida, ainda que sutil. Assim, potencialmente, somos muito amedrontados, devendo lutar cotidianamente com nossos mil pequenos medos. Conseguimos nos preocupar até se não há nada para ver na televisão, se nosso *smartphone* não pega ou se uma pessoa a quem enviamos uma mensagem não está nos respondendo em um tempo que estimamos razoável. Dentre as várias preocupações possíveis, há ainda a ideia sobre nós mesmos, nossa imagem social: toda mudança de vida implica o perigo de perder algo precioso, e o transformar-se é contínuo e inexorável.

Buscamos controlar tudo, até o tempo, só para vivermos distantes de medos que crescem cada vez mais, já que não conseguimos eliminá-los e, aliás, na tentativa de modificá-los, aumenta em nós o sofrimento que produzem. Tornam-se, portanto, sempre mais temíveis pela sua resistência e pelo crescente sofrimento que produzem. Além disso, na constante tentativa de controlá-los, aumentamos também a permanência deles na nossa mente. Desse modo, assim como na academia os músculos ficam maiores e reativos, quando procuramos controlar o sofrimento, o tornamos mais presente e maior.

Frequentemente nos empenhamos em planejar o futuro a fim de evitar o que possa sair errado. Nesses casos, ativa-se automaticamente nosso sistema de luta ou de fuga que produz estresse e ansiedade. Se virmos bem nossas intenções, o objetivo desse planejamento seria aumentar o prazer e reduzir a dor. Infelizmente, essa intenção não coincide com a realidade. Na tentativa de fazer algo para melhorar, ativam-se em nós mecanismos que aumentam o estresse e a ansiedade. Desse modo, empenhados em atingir um objetivo inatingível ou apenas transitório (aumentar ao máximo as experiências agradáveis e reduzir ao mínimo as desagradáveis), obtemos, em vez disso, estresse e ansiedade, perdemos o belo que temos adiante, conseguindo ficar mal mesmo quando as coisas vão bem, na tentativa de eliminar um mal futuro.

A prática da *mindfulness* pode nos ajudar a mudar a opinião que temos sobre nós mesmos e as expectativas em relação à vida, alinhando-as cada vez mais à realidade. Quando meditamos ou seguimos as práticas informais, conseguimos ver o quanto os pensamentos, os estados de ânimo e as sensações corpóreas mudam rapidamente. Compreendemos que não há um modo de manter os estados agradáveis e afastar os desagradáveis. Vemo-nos vencer e perder, e vemos nossas emoções crescerem e calarem-se.

À medida que aprofundamos a prática da *mindfulness*, chegamos a ver claramente nosso lugar no mundo e na vida. Aceitamos com mais serenidade a inevitabilidade das experiências negativas. Eliminando o filtro da mente, que continuamente avalia e julga, nos identificamos menos com o "eu" e podemos entrar em contato mais direto com a experiência de nós mesmos e do mundo, aumentando a sensação de conexão com um universo amplo: nossa ideia de nós mesmos enquanto seres separados dos outros é só uma ilusão.

Fuga e evitação

Para evitar as experiências desagradáveis, recorremos com frequência à *automedicação* (por exemplo, através de alguma forma de comportamento compulsivo, como comer para gerir o estresse, beber para gerir a dor, conectar-nos sempre às redes sociais para não nos sentirmos sós, jogar constantemente jogos eletrônicos para não nos entediarmos, até se tornarem vícios reais) ou à evitação e à distração: nos ocupamos bastante para evitar situações que possam suscitar emoções negativas. Ainda que de imediato esses métodos possam parecer funcionais ao objetivo, a longo prazo limitam notavelmente nossa vida e, de fato, criam muita ansiedade, obrigando-nos a monitorar continuamente o ambiente e mobilizando-nos a evitar o que nos assusta.

Além disso, ao nos afastar da situação em que surgiu certo medo a fim de obter conforto, aprendemos a temer e a evitar ainda mais determinada situação e a emoção correlacionada. A *mindfulness* nos convida e nos ajuda a enfrentar de forma direta os nossos medos, intencionalmente, experimentando-o até que a ansiedade se reduza por si só ou aprendendo a conviver com a ansiedade residual, dado que em algumas circunstâncias ela pode calar-se, mas não desaparecer. Do mesmo modo, a *mindfulness* convida a permanecer em contato com as sensações físicas, as emoções e os pensamentos desagradáveis que ocorrem no decorrer das meditações. Às vezes também pode ser solicitado foco intencional sobre as sensações de ansiedade, colocando-as em primeiro plano ao invés de como pano de fundo.

Essa prática de meditação, como a maior parte das abordagens sobre ansiedade baseadas na *mindfulness*, exige lidarmos com as experiências ansiogênicas e deixar que sigam seu curso, em vez de procurar modificá-las. Quando fazemos isso, interrompemos um importante mecanismo de manutenção da ansiedade, a partir do momento que paramos de gerar medo dela. Desse modo, nos livramos do sofrimento adicional produzido pelas nossas avaliações e previsões catastróficas, das nossas tentativas infrutíferas de eliminá-la definitivamente, bem como do medo que cresce ao ver falhar nossas tentativas ilusórias. Essa abordagem melhora, entre outras coisas, nossa capacidade de discernimento, permitindo-nos realizar escolhas livres do medo de ter medo, sem estarmos mais vinculados à preocupação que certo percurso possa gerar mais medo que outro, bem como nossa confiança na capacidade de enfrentar qualquer sensação que nos ocorra provar.

Além disso, temos também a possibilidade de interpretar os pensamentos e as emoções negativas pelo que são, isto é, pensamentos e emoções, e não uma realidade objetiva e imutável: são frutos da nossa visão da realidade e da nossa relação com ela. Uma consequência direta dessa consciência é que podemos começar a assumir uma atitude em relação aos pensamentos e emoções, sem fundirmo-nos inconscientemente neles ou nos guiarmos conscientemente por eles, uma vez considerados mensageiros de verdades a serem suportadas.

Se isso é verdade no que se refere ao medo, vale para outras emoções, como a tristeza ou a raiva. Pode valer também para as dores físicas, haja vista que, também nesse caso, parte da dor – seja física, seja psicológica – é devida à nossa reação à própria dor.

Verdade

Em geral, não somos capazes de estabelecer qual é a verdade e, ainda assim, frequentemente estamos convictos de tê-la nas mãos, de sermos portadores, mensageiros e paladinos. Nossas conclusões, na realidade, são criadas a partir do nosso humor e da nossa história, e nos levam não só a selecionar os elementos a serem levados em consideração (reduzindo, portanto, o número de variáveis importantes), mas a conseguir interpretá-los em função de esquemas que já temos em nossa mente (compreendendo-os e avaliando-os, portanto, em função da realidade já presente em nossa mente). A tudo isso, soma-se o fato de que, com base na verdade que acreditamos compreender, emitimos julgamentos e consideramos saber o que é certo fazer. A convicção de sermos portadores de verdade e justiça é um dos enganos mais devastadores da nossa vida.

Quando conseguirmos ver que nossos pensamentos e nossas emoções vão e vêm, e nos convencermos de que nossas reações são todas condicionadas por episódios do passado, começaremos a levar tudo menos a sério. Quando começarmos a observar a realidade buscando aproveitá-la por aquilo que é, e fazendo-o com aceitação, entenderemos que o principal instrumento de mudança que temos à disposição não é o conhecimento da justiça, mas a atitude de compaixão.

Relações

Embora essas práticas inicialmente tenham sido concebidas por monges e eremitas, são de fundamental importância também para melhorar nossas relações. Modificar nossas opiniões sobre quem somos nos ajuda a nos considerarmos menos em termos de "eu", separados, e mais como partes de um mundo mais amplo, transferindo a atenção ao "nós", criando uma premissa fundamental para a redução dos conflitos.

As práticas de *mindfulness* podem nos ajudar a entender o quanto nossa identidade, nossas convicções e nossos valores são, na realidade, muito pessoais, e isso pode nos tornar mais flexíveis e prontos para entrar em diálogo com os outros. Tais práticas nos ajudam a ser mais disponíveis para acolher não só as alegrias, mas também as dores; dão-nos a capacidade de estar com os outros verdadeiramente, nos bons momentos e nos momentos de dificuldade, e realmente ouvi-los, sem procurar imediatamente resolver ou mudar as coisas de alguma forma, alimentando desse modo a aproximação e a compreensão recíproca.

As práticas de *mindfulness* nos ajudam também a reconhecer nossos estados de ânimo e a escolher se nos deixamos levar por eles ou não, e isso nos permite reagir de forma responsável em vez de automática e por reflexo, especialmente nos momentos delicados, reduzindo conflitos inúteis dos quais com frequência nos arrependemos logo após termos cedido a eles.

A capacidade de tolerar as emoções é fundamental para poder estar de acordo com os outros: se não sei reconhecer e tolerar as minhas emoções, reagirei de maneira despropositada e as projetarei sobre o outro, ou então o acusarei de fazer com que me sinta desconfortável.

Passando o tempo em contato com nossas experiências desagradáveis e agradáveis sem fugir em direção à diversão ou à distração, aprendemos a suportar melhor o mal-estar. Além disso, se nos considerarmos parte do mundo mais amplo e entendermos como nossa percepção de um "eu separado" se constrói momento a momento, nos preocuparemos muito menos em nos preservar e nos defender.

Desse modo, seremos muito mais sensíveis e flexíveis nas nossas reações em relação aos outros: quando a mente é aberta, não nos sentimos compelidos a nos livrar dos estados de ânimo desagradáveis ou nos agarrar aos agradáveis. Podemos nos exercitar em estar com todas as emoções que surgem nas relações: isso nos torna muito mais flexíveis nas reações às situações interpessoais e menos temerosos de que firam nossos sentimentos.

Outra enorme vantagem que se obtém aprendendo a tolerar os próprios estados de ânimo, especialmente quando aumenta nossa capacidade de atenção, é conseguir escutar os outros.

A *mindfulness* nos ajuda a entender que viver é difícil para quem quer que seja. Muitos se aproximam da meditação com a esperança de se tornarem invulneráveis e de não se sentirem mais necessitados, inseguros e dependentes dos outros. Ao contrário, a prática da *mindfulness* nos ensina que somos todos vulneráveis. Estarmos presentes desse modo permite nos conectarmos profundamente com os outros: estarmos próximos às pessoas não serve só para estar de acordo, mas também para enriquecer nossa vida.

Exercício 4

Repare em uma situação na qual você esteja escutando alguém falar sobre coisas importantes ou não, de si mesmo ou de outro, e preste atenção ao modo como sua mente procura distraí-lo e à tensão criada em seu corpo. Então note primeiro sua respiração e, depois, novamente a pessoa que está falando com você, aquilo que está lhe dizendo e o valor que tem para ela. Sempre que sua mente se distrair e seu corpo lhe mandar sinais de agitação, gentilmente traga sua mente para o presente e para a pessoa com a qual está falando, escolhendo todas as vezes intencionalmente estar ali com ela, naquele momento, e em nenhuma outra parte.

Quem sou eu?

Somos tão acostumados a pensar em termos de "eu" que raramente procuramos aprofundar quem somos realmente. Frequentemente, em terapia, ouvimos pessoas nos dizerem: "Não sei quem sou". Tal afirmação coloca o destaque somente sobre si, como se fosse possível ser alguém independentemente das nossas relações com os outros e com o mundo. Sendo um "eu relacional" (SIEGEL, 2012; COZOLINO, 2014), é impossível responder à pergunta "Quem sou eu?" como se existisse uma resposta *a priori* e à parte das nossas relações: nosso "eu" construímos no tempo e em função das relações que tecemos com os outros e com o mundo em geral.

Nosso "eu" é um "eu relacional" em constante transformação!

Muitas pessoas, no entanto, assumem a própria identidade e não se preocupam em perguntar-se como a construíram e a constroem, agindo passiva e inconscientemente.

A *mindfulness* nos ajuda a ver de que modo formamos nossa relação com o mundo – tornando-nos conscientes de como nossa mente interpreta a realidade, a avalia e a julga, e de como buscamos, então, controlar a nós mesmos, nossas emoções, os outros, os eventos, tentando maximizar o prazer e eliminar a dor –, melhorando nossa capacidade de observá-lo e reduzindo nossa tendência ao julgamento, imergindo-nos nas emoções, mas sem fundir-nos com elas, conseguindo nos ver enquanto agimos intencionalmente, com base nos nossos valores e não nas nossas emoções. Desse modo, não só podemos observar melhor o modo como nossa identidade se constrói em relação ao exterior mas também que estamos cada vez mais aptos a intervir intencionalmente nessa construção, encontrando um equilíbrio adequado na dinâmica entre aceitação e mudança.

Obviamente, as práticas formais e informais não fazem tudo isso automaticamente. A *mindfulness*, para produzir esses resultados, deve ser pensada como um conjunto de práticas formais (que dão uma estrutura e um treinamento de base), práticas informais (que são a aplicação na vida cotidiana do que se exercita nas práticas formais), com a ajuda de leituras (que facilitam seja a tentativa de compreender teoricamente, seja a prática de acionar na própria vida o que se desenvolve formal e informalmente), e então, progressivamente, com um estilo de vida cada vez mais centrado em colocar em prática, em cada situação, momento a momento, o que se está aprendendo. Dessa forma, a *mindfulness* não se mantém limitada a práticas, mas se torna uma atitude, um modo de viver e de ser, e não mais um conjunto de simples exercícios. É importante, também, ter clara a intenção do que se pratica, para que ofereça um horizonte ao nosso empenho e nos permita passar da mera prática à atitude existencial.

Parando de nos identificar com nossos pensamentos e com nossas emoções, conseguimos aproveitar melhor a interconexão existente entre as coisas: na prática da meditação podemos observar como nossos pensamentos criam o senso de separação do mundo e, quando começamos a desenvolver um pouco de concentração, tudo começa a nos parecer mais vivo e interconectado.[2]

Compreendendo que nossa identidade é, na verdade, uma série de esquemas mentais – isto é, um conjunto de convenções, expectativas, reações emotivas e modalidades de ação –, formados através de experiências acumuladas no tempo, e que a ideia de nós mesmos se recria momento a momento, podemos começar a nos levar menos a sério. Junto à consciência da nossa interdependência, essa mudança de atitude pode nos tornar muito mais flexíveis nas relações com os outros.

Um dos problemas que encontramos no desenvolvimento da nossa identidade é que, frequentemente, tendemos a excluir os aspectos do "eu" que não se enquadram, que consideramos dissonantes com a imagem que temos de nós. Além disso, quando esses outros aspectos da nossa personalidade surgem em uma interação, geralmente tendemos a nos irritar com quem os estimularam.

---

[2] Não nos pretendemos referir a nenhuma forma de espiritualidade *new age*, mas simplesmente ao senso de pertencimento ao mundo e ao desejo de entrar em contato com ele cada vez mais livres do filtro das nossas interpretações, para vê-lo e conhecê-lo sempre melhor. Em uma perspectiva religiosa, falamos de senso de pertencimento à Criação e da possibilidade de torná-la como é, conseguindo, assim, nos sentirmos sempre mais em comunhão com o Criador.

A prática da *mindfulness* nos convida a nos tornarmos amigos também dos aspectos da nossa personalidade que não correspondem a nossa identidade desejada.

Certo, é difícil, mas é também libertador!

Moral consciente

Nossas ideias a respeito do que deveríamos ou não deveríamos pensar ou experimentar representam outra fonte de ansiedade. Além disso, visto que o ser humano apresenta tanto impulsos que vão em direção a comportamentos morais como impulsos orientados na direção de comportamentos imorais, a maior parte de nós cava dentro de si pensamentos e impulsos que não consegue aceitar facilmente. Infelizmente, porém, aquilo a que nos opomos, persiste, e, como consequência, devemos empregar energias mentais constantemente para manter alguns conteúdos fora da consciência. Quando um desses pensamentos, sentimentos ou impulsos se aproxima da consciência, ficamos ansiosos, nos culpamos, nos irritamos ou nos desencorajamos. Também aqui a prática da *mindfulness* pode vir em socorro. Ela pode facilitar o comportamento moral, ajudando-nos a ser conscientes dos nossos impulsos antes de praticá-los, mas não nos ajuda a reprimir os pensamentos e os sentimentos imorais. Ao contrário, quando praticamos a *mindfulness*, trabalhamos para a aceitação de todos os conteúdos da mente, bons e ruins, de modo a termos consciência e aceitá-los, para depois decidir se serão postos em prática ou não.

Todos os dias realizamos múltiplas escolhas que repercutem no nosso bem-estar e no de quem está perto de nós: o primeiro passo para tomar decisões mais sábias é nos darmos conta de que estamos efetuando escolhas. De fato, alguns dos nossos hábitos são enraizados de tal forma que não nos damos conta quando estamos a executá-los. Às vezes, como vimos, nos percebemos colocando-os em prática quase como guiados por um piloto automático; outras vezes, no entanto, despertamos durante ou após tê-los praticado. Depois o sentimento de culpa e a vergonha nos assombram, induzindo-nos a outros comportamentos problemáticos.

Prestando atenção a nossa experiência, notaremos que os comportamentos deletérios criam ondas perturbadoras na mente: correntes de estados de ânimo ou de pensamentos negativos que se associam uns aos outros, continuando a se repetir e a nos influenciar. Através da prática da *mindfulness* tomamos decisões mais saudáveis e sábias porque conseguimos perceber melhor as consequências sutis produzidas em nós por nossas ações. Começamos a notar que, a partir de determinadas ações, tendem a seguir-se determinados estados mentais que nos induzem naturalmente a comportamentos mais éticos e competentes, ou a outras vivências negativas.

Seremos menos guiados pelo medo de uma punição, teremos menos pensamentos autocríticos e provavelmente participaremos da alegria de outras pessoas que veremos felizes: nos sentiremos mais próximos aos outros e menos sós. Se estivermos conscientes dessas experiências agradáveis, teremos mais chance de nos comportarmos de novo de forma gentil. A plena consciência da sensação que produz em nós a expressão satisfeita de uma pessoa que amparamos; a gratidão no olhar de alguém que ajudamos; a gratificação interior que experimentamos quando somos generosos; o compartilhamento do sorriso, mas também do pranto; a sensação de comunhão, quando participamos da dor do outro, permite-nos desejar repetir essas experiências. Seremos cada vez mais guiados pelo valor interior que essas experiências têm para nós, e não pelo dever de satisfazer algumas expectativas ou pelo temor de sermos mal interpretados ou de não sermos como os demais.

Comportar-se de modo sábio e moralmente correto torna-se cada vez mais fácil com o tempo. Com uma consciência progressivamente mais constante, obtemos confirmações do fato de que, quando agimos de modo disfuncional, o fazemos quase sempre para conseguir uma gratificação ou para fugir de uma dor, colocando em prática velhos esquemas aprendidos na nossa infância que favoreçem o surgimento de depressão, ansiedade, dor crônica ou modelos relacionais falhos. Considerando estar no que é justo ou de direito, colocamos a satisfação das nossas necessidades antes de tudo e de todos, também da realização do nosso potencial humano no *aqui* e *agora*.

Quando passamos a nos considerar partes de um mundo mais amplo, começa, porém, a descolar-se nossa tendência a nos garantir bens materiais, posições sociais, ou a desejar aparecer, ou ainda a obter gratificações a fim de compensar ou satisfazer essas necessidades.

A prática constante pode nos ajudar a aceitar que tudo muda e que o apego a fenômenos destinados a transformar-se nos torna infelizes, porque viveríamos de contínuas perdas e em busca de contínuas satisfações; haja vista que a única coisa que "temos" sempre é o momento presente, que nossos pensamentos não são a realidade e que somos parte de uma rede de vidas interdependente.

Fazer e ser

Uma maneira muito interessante de descrever a atitude característica da *mindfulness* é expressada por Toro e

Serafinelli (2015), que falam da *modalidade do ser* (típica da *mindfulness*) posta em confronto com a *modalidade do fazer* (típica da cultura contemporânea). A seguir, as diferenças principais.

Lutar *versus* não lutar

A modalidade do fazer é baseada no monitoramento contínuo da distância entre a realidade em que estamos agora e a realidade em que gostaríamos de nos encontrar. Tal monitoramento é acompanhado pela tendência de lutar para encurtar a distância da ideia de onde gostaríamos de estar, ou, ainda, entre a ideia de onde estamos agora e o medo de onde estaremos daqui a pouco, se não fizermos alguma coisa. A modalidade do ser se baseia em deixar cair as amarras que esses pensamentos exercem sobre nós, sem se engajar em combates.

Evitação *versus* abertura

A modalidade do fazer motiva-nos a evitar certos estados indesejados e experiências subjetivas penosas. A modalidade do ser favorece, no entanto, manter-nos abertos, enfrentando as dificuldades e as situações desagradáveis.

Pensamentos como "realidade" ou como "eventos mentais"

As ideias, os pensamentos e as fantasias são considerados, na modalidade do fazer, representações, para todos os efeitos, reais. Na modalidade do ser são, porém, considerados exclusivamente como produtos da mente, que chegam, ficam por um tempo e depois desaparecem, assim como vieram.

Viver no passado e no futuro *versus* viver no presente

Na modalidade do fazer olha-se para as experiências passadas, procurando antecipar o que acontecerá no futuro. Na modalidade do ser, no entanto, visa-se experimentar a realidade viva no momento presente. As lembranças também são consideradas como eventos mentais: pensamentos que surgem e que, com a mesma facilidade, podem ir embora. As antecipações do futuro são consideradas do mesmo modo: pensamentos que surgem e desaparecem.

Experiência indireta (conceitual) *versus* experiência direta (não conceitual)

A modalidade do fazer é essencialmente uma manipulação de ideias. A experiência subjetiva se revela desbotada, haja vista que é poderosamente filtrada pelo pensar sobre determinada coisa, ao invés de vivê-la. Na modalidade do ser, o foco é voltado à experiência direta, sensorial, baseada na intuição, portanto, não conceitual.

Automático *versus* intencional

A modalidade do fazer é centrada em ações habituais, rotineiras, que comumente são desenvolvidas de forma automática. A modalidade do ser requer, entretanto, uma atenção voluntária, intencional, que se volta em direção a si e ao mundo.

Abertura mental

Manter a atenção naquilo que se apresenta implica certo empenho em não conservar intencionalmente os pensamentos para raciocinar sobre eles. A *mindfulness* oferece uma modalidade para nos darmos conta do momento em que nos afastamos do presente, começando a efetuar avaliações, a emitir julgamentos, a remoer. Voltar à realidade presente, por exemplo, conectando-nos à respiração ou às sensações corpóreas, nos ajuda a não nos perdermos em julgamentos e a evitar comparar aquilo que vivemos com um estado de coisas ideal (como as coisas deveriam ser).

O hábito de ler a realidade através do filtro das nossas crenças, avaliações, expectativas, desejos, aversões é tão enraizado que geralmente não conseguimos mais ver nossos conteúdos mentais como opiniões, mas os trocamos por realidades objetivas. A prática constante da *mindfulness* favorece o surgimento de informações que, normalmente, permaneceriam confinadas no fundo do nosso panorama mental: disso deriva uma ampliação da perspectiva da consciência, que permite recuperar os conhecimentos úteis para vivermos plena e intensamente, permanecendo abertos àquilo que chega e também ao que não esperamos. Não se trata de uma atividade de remoção ou de supressão do pensamento, haja vista que o pensamento é considerado objeto de observação, e não uma evitação de conteúdos dolorosos. O que é posto em prática é uma suspensão temporária do processo de elaboração e avaliação dos conteúdos que adentram o fluxo de consciência, que são pensamentos, emoções ou sensações físicas.

Conseguir, com o tempo, controlar a atenção nos confere certa liberdade em relação aos pensamentos, permitindo nos fixarmos no *aqui* e *agora* e ampliarmos nossa perspectiva sobre o mundo: tornarmo-nos mais presentes e capazes de apreciar a existência, vivendo plenamente o presente, e menos reativos e mais conscientes de nós mesmos, mais resilientes ao estresse, mais hábeis na escolha de comportamentos saudáveis.

Gentileza e gratidão

O comportamento que a consciência pede para assumirmos é, simplesmente, o de nos darmos conta do que acontece dentro de nós, para depois levar, pacientemente mas com firmeza amorosa, a atenção ao objeto do exercício: trata-se de um ato embrionário de gentileza, voltado para nós mesmos. A gentileza nasce toda vez que nos colocamos de maneira não conflituosa, mas amorosa, em relação a nós mesmos. Isso não significa querer ignorar que, às vezes, nossos pensamentos e comportamentos não são como gostaríamos, mas significa, ainda que por empenho e disciplina, não buscar obter resultados maltratando a nós mesmos. Escolhemos não nos abandonar aos nossos limites e aos nossos sofrimentos, a não nos rejeitar por causa deles, mas a tomarmos conta de nós mesmos para saná-los.

A gentileza abre a porta para a gratidão pelo que vivemos, e pelo que, finalmente, conseguimos desfrutar livres das nossas interpretações e dos nossos julgamentos, e nos oferece também a oportunidade de exercitar o cuidado e a compaixão.

Em síntese

→ A *mindfulness* é muito mais que unicamente a prática de exercícios: busca transmitir um verdadeiro modo de ser que nos exercícios formais contempla somente a ginástica de base.

→ Nossa mente raramente aprecia o momento presente e normalmente é focada na próxima tarefa a se fazer, o próximo problema a se resolver ou o próximo medo a se evitar. A *mindfulness* oferece uma maneira de reconhecer esses mecanismos, um instrumento para modificá-los e as capacidades para desfrutar a vida, no momento presente, não obstante as dificuldades que nos acompanham.

→ A *mindfulness*, como prática e como estilo de vida, não se funda no alcance de resultados sempre melhores para sermos mais habilidosos, mais importantes ou mais apreciados, mas é uma atitude de consciência e aceitação amorosa com a qual nos relacionamos com nós mesmos, com os outros e com o mundo no momento presente. Consiste na dedicação amorosa ao que somos e ao que a vida nos apresenta *aqui* e *agora*, na tentativa de desfrutá-la plenamente ao invés de desejar algo a mais, diferente, melhor. Pode nos ajudar a abraçar os inevitáveis altos e baixos da vida, em vez de opor resistência, e nos oferece aquilo que é útil para conduzir nossa existência. Pode nos ajudar a respeitar nossa moral, a ver a irracionalidade da nossa comparação com os outros e nossa incapacidade de parar de pensar no passado e no futuro. Pode aprofundar nossa capacidade de amar a nós mesmos e os outros. Dá-nos a liberdade de agir de modo mais sábio e ágil nas decisões cotidianas: isso nos permite viver cada dia com um sentimento de dignidade por como vivemos e de gratidão por aquilo que vivemos.

→ Praticar a *mindfulness* quer dizer escolher-se, não em sentido narcísico, mas compassivo.

→ A *mindfulness* é apta a ajudar em múltiplas situações, haja vista que treina habilidades úteis em geral na vida e leva a superar algumas dificuldades comuns à maior parte dos problemas; permite treinar as zonas do cérebro capazes de nos ajudar a administrar o sofrimento e a enfrentar a realidade de forma flexível e criativa; permite trabalhar sobre um elemento comum a tantos problemas: a evitação; permite desenvolver atitudes fundamentais: a atenção, a compaixão e o cuidado do e no *aqui* e *agora*.

→ Quando começarmos a observar a realidade buscando tomá-la por aquilo que é, e a fazê-lo com aceitação, entenderemos que o principal instrumento de mudança que temos à disposição não é o conhecimento da justiça, mas a atitude de compaixão em relação a nós mesmos e aos outros.

3

Mindfulness e autocompaixão[1]

Por Emiliano Lambiase e Andrea Marino

"E Jesus, olhando para ele,
o amou" (Mc 10,21).

Conforme observado no capítulo anterior, existe uma estreita ligação entre a prática e as atitudes da *mindfulness* e a compaixão em relação a si mesmo. Uma ligação tão estreita que induz a considerá-las duas atitudes que não podem existir uma sem a outra: não é possível ser *mindful* sem exercitar a compaixão, assim como não é possível ser compassivo sem ter uma atitude *mindful*.

Fazemos nossa a definição de Neff (2003), segundo o qual "a autocompaixão é a atitude que se ativa diante de experiências de sofrimento ou fracasso pessoal" e que se articula em três componentes de base:

a) a gentileza e a compreensão em relação a si mesmo, em vez de julgamento e uma dura crítica para consigo;

---

[1] Este capítulo apresenta uma versão simplificada e reduzida do seguinte artigo científico, consultável de forma integral *on-line*: LAMBIASE et al. (2016). *Autostima e autocompassione. Due modi diversi di relazionarsi con se stessi. Modelli della mente.* DOI: http://dx.doi.org/10.3280/mdm1-2016oa3442.

b) a capacidade de olhar para as próprias experiências como parte da experiência humana compartilhada, ao invés de vê-las como separadas e isoladas;

c) a capacidade de lidar com os próprios pensamentos e sentimentos dolorosos em um estado de consciência equilibrada, em vez de identificar-se excessivamente com eles.

Esses aspectos de autocompaixão são conceitualmente distintos e se encerram de maneira diferente em nível fenomenológico, mas interagem reciprocamente com o fim de melhorar um ao outro.

Neste capítulo aprofundaremos nossa reflexão sobre o valor da autocompaixão, primeiramente a colocando diante de uma atitude inflacionada e supervalorizada: a procura ou a defesa de uma autoestima elevada ou, pelo menos, satisfatória. No decorrer desta análise, tendo em mente os conteúdos dos capítulos anteriores, será possível constatar como esse comportamento é antiético em relação a tudo que a *mindfulness* representa e ensina, enquanto o exercício da compaixão é absolutamente alinhado com as práticas e as atitudes da *mindfulness*.

1. Autoestima

O tema da autoestima é amplamente tratado na literatura, e a busca de um bom nível de autoestima tornou-se uma preocupação central na cultura ocidental. Recentemente, todavia, pesquisadores defendem que os benefícios objetivos de uma autoestima elevada, na realidade, são poucos e limitados. Por exemplo, uma recente e extensa resenha desenvolvida por Baumeister et al. (2003) concluiu que a autoestima elevada produz sensações agradáveis e maior iniciativa, mas não provoca alto rendimento escolar, boas prestações de serviços ou atitudes de liderança.

As teorias psicológicas sobre a autoestima se orientam de maneira unidirecional sobre a ideia de que um baixo nível de autoestima é ligado a uma série de conclusões psicológicas negativas, como, por exemplo, falta de motivação, depressão, indecisão e dúvidas constantes sobre si, temor e desconfiança em relação aos outros, dependência do juízo alheio, dificuldades interpessoais, pensamentos suicidas. No entanto, pesquisar sobre como aumentar a autoestima não é fácil; de fato, é bem difícil aumentar a autoestima de alguém, visto que foi demonstrado como é altamente resistente à mudança.

Como William James (1890) propôs há mais de um século, a autoestima implica a avaliação dos desempenhos pessoais ("O quanto sou bom?"), a determinação de algumas normas ("O que é bom para mim?") e a relevância percebida de tudo isso em alguns âmbitos ("É importante ser habilidoso nessa atividade específica?"). A autoestima envolve, além disso, a consideração das avaliações dos outros sobre si ("O quanto e como os outros se relacionam comigo e me aprovam"?), a fim de determinar o quanto se ama a si mesmo.

Segundo Crocker e Park (2004), um problema central nas pesquisas sobre autoestima é que não se concentraram suficientemente naquilo que as pessoas fazem para demonstrar a si mesmas e aos outros que têm dignidade e valor e nas consequências dessa busca. De acordo com tais autores, as pessoas buscam a autoestima porque as ajuda a administrar medos e ansiedades. Com base nessa hipótese, as situações e as ações ligadas à autoestima – e todas as formas características com as quais as pessoas "lutam" por ela – se desenvolvem durante a infância: é justamente nesse período da vida, de fato, que os seres humanos são construtivamente vulneráveis, requerem cuidado e proteção dos adultos e aprendem as estratégias para gerenciar o medo e procurar garantias (BOWLBY, 1969, 1973, 1980).

Seguindo essa perspectiva, neste capítulo não pretendemos criticar a dimensão da autoestima em si, mas, sobretudo, o modo com o qual é pesquisada e o fato de se fazer dela um objeto de pesquisa fundamental.

Inevitavelmente as crianças experimentam eventos que as ameaçam, as assustam ou as confundem. A partir desses eventos tiram algumas conclusões sobre si e elaboram considerações sobre os outros, sobre o mundo e sobre como lidar com eventos problemáticos futuros. Após um acontecimento perturbador, a criança procura determinar que tipo de pessoa deverá ser para estar em segurança, de modo que o evento não se repita; por exemplo, pode acreditar que deve ser forte, autossuficiente ou independente de tal forma que não seja ameaçada pelo abandono; ou então ser bonita, fascinante, bem-sucedida ou suficientemente rica de modo que não seja ridicularizada, rejeitada ou criticada. As áreas nas quais as pessoas se dedicam para ter um autoconceito alto e sólido não são tanto aquelas nas quais obtiveram sucesso pelas próprias competências, mas sim aquelas que, na infância, aprenderam a ter experiências como fonte de segurança e proteção. Ao crescer, essas situações infantis se transformam nas esferas e nas áreas sobre as quais elas se concentram majoritariamente para manter ou incrementar a própria autoestima. Se, por exemplo, em minha infância aprendi a buscar a aprovação alheia para me sentir seguro, quando adulto minha autoestima dependerá disso e não do quanto sou habilidoso, ou dos resultados que posso obter nos estudos ou no trabalho. Ou, então, quanto mais eu puder ser inteligente e brilhante, me sentirei importante fazendo *bullying*, porque na minha infância aprendi que, para estar seguro, devia expressar as minhas necessidades com agressividade. Ou, ainda, poderei achar-me importante procurando ser sempre disponível para ajudar os outros, sentindo-me inadequado se isso não me for possível, só porque, quando era pequeno, aprendi a testar meu valor com base na ajuda que podia oferecer, enquanto todo o resto não tinha importância.

Infelizmente, nenhum sucesso pode garantir que eventos desagradáveis não aconteçam mais. Ainda que o sucesso alivie momentaneamente a ansiedade, ela tende a reaparecer. Por isso, a busca pela autoestima destinada à satisfação das contingências de autoeficácia continua inexoravelmente ao longo da vida.

O desejo de validar a autoestima pode desviar a atenção das pessoas das próprias metas referentes à busca de bem-estar e à satisfação das necessidades humanas fundamentais. Desse modo, alta e baixa autoestima são duas faces da mesma moeda, porque as pessoas perseguem a autoestima a qualquer custo, estando seu nível inicial alto ou baixo, procurando demonstrar serem dignas e não inúteis, e, em ambos os casos, perdem de vista outros objetivos.

Quando as pessoas buscam manter ou melhorar a autoestima, suas ações são guiadas por crenças sobre aquilo que devem fazer ou ser para ter dignidade e valor. Elas diferem quanto a essas crenças e, portanto, sobre quais tipos de eventos produzirão um impulso ou uma queda na autoestima delas. O resultado depende do sucesso ou do fracasso percebido nesses domínios específicos, que é estendido ao valor pessoal global. Portanto, se não consigo obter determinado resultado em uma área específica, então não valho em geral como pessoa; se não obtenho as notas que desejo, sou inadequado; se não consigo ajudar os outros como gostaria, sou inútil. Em todos os casos, a partir de uma área e de um resultado específicos, chego a elaborar uma ideia global sobre mim.

Cada vez mais autores sublinham a importância de entender os motivos e as consequências da busca ansiosa do aumento da autoestima. Por esse motivo, analisaremos, por áreas temáticas, as principais consequências negativas dessa busca.

Motivação

São poucas as provas de que a motivação associada à busca da autoestima se traduza realmente no sucesso desejado. Há, porém, muitos que confirmam que, quando o objetivo central é proteger, manter ou potencializar a autoestima, as pessoas se tornam mais expostas a estresse, pressão e ansiedade pelo possível fracasso.

Por exemplo, os estudantes que baseiam a própria autoestima em resultados acadêmicos demonstram mais pressão, mais conflitos com os professores, mais insatisfação pelos seus desempenhos e uma motivação menos intrínseca, independentemente do nível de autoestima, da média das notas e das variáveis de personalidade (CROCKER; LUHTANEN, 2003; DECI, NEZLEK; SHEINMAN, 1981; DECI; RYAN, 2000). Na realidade, devido ao estresse e à ansiedade produzidos, a busca pela autoestima pode interferir na aprendizagem e no desempenho em circunstâncias difíceis ou desafiadoras: pode causar, de fato, escassa autodisciplina, minar a autonomia pessoal e as relações.

A pesquisa indica também que, em setores em que a autoestima é central, são mais numerosos os casos em que os sujeitos sofrem uma elevada queda de autoestima como consequência de um fracasso em comparação ao aumento da autoestima como resultado de um sucesso (CROCKER et al., 2003; CROCKER, SOMMERS; LUHTANEN, 2002); os benefícios emotivos da busca pela autoestima superam os custos somente se as pessoas estão em condições de garantir que podem conseguir mais respeito tanto quanto podem falhar.

Autonomia

Quando condicionamos nossa autoestima ao alcance de um resultado, deixamos que uma situação externa regule nosso estado interno e, portanto, nosso *modus agendi* não é fruto de uma escolha espontânea, mas ponderada; essa modalidade de autorregulação é acompanhada por uma experiência interior de pressão e de tensão, com uma consequente perda de autonomia na escolha dos objetivos. Assim, nesse sentido, deixa de existir também a forma de autonomia que consiste em se sentir livre interiormente mesmo quando se está fatigado no cumprimento das próprias metas.

Aprendizagem e competência

A busca por um alto nível de autoestima pode interferir também na aprendizagem e no desenvolvimento de competências (COVINGTON, 1984; DECI; RYAN, 2000; DWECK, 2000): quando as pessoas têm metas de autovalidação, podem ver erros, falhas e críticas como ameaças, e não como oportunidades para aprender e melhorar. Nos âmbitos nos quais se aposta para manter ou incrementar a própria autoestima, torna-se fundamental obter resultados.

A aprendizagem, que deveria ter o objetivo de nos enriquecer e nos tornar melhores como pessoas, torna-se um simples meio de obter resultados, perdendo assim sua verdadeira finalidade. É evidente o exemplo daqueles estudantes que se esforçam somente para obter boas notas: não só não é comprovado que consigam resultados melhores que os dos outros como tendem a aprender menos em relação a quem estuda pelo prazer de fazê-lo. De fato, há poucas provas de que a busca por autoestima traga realmente melhores resultados concretos (BAUMEISTER et al., 2003; COLVIN; BLOCK, 1994). Por exemplo, os alunos que baseiam a própria autoestima em resultados acadêmicos, na verdade, não obtêm notas maiores, mesmo se declararem estudar mais (CROCKER; LUHTANEN, 2003).

No momento em que a autoestima elevada se torna a meta central, aqueles que conseguem obter bons resultados podem automaticamente perceber que satisfizeram suas necessidades. Isso implica, porém, que esses mesmos sujeitos – além de imaginar ou desejar maiores sucessos – não conseguem completar uma análise completa dos fatores, também externos, que contribuíram para o sucesso deles, e esse processo pode interferir na aprendizagem.

Do mesmo modo, se a meta não é alcançada, eles podem reagir de modo defensivo às informações negativas sobre si, referentes às áreas vistas como importantes para a autoestima; por exemplo, podem colocar em discussão tais informações, aplicar uma série de justificativas, minimizar a quantidade de tempo e energia investidos em pensar nas informações negativas que se referem a si mesmos, esquecer insucessos e informações negativas sobre si, lembrando somente sucessos e informações positivas, buscar gratificações compensatórias, comparar-se com outras pessoas mais fracas, lembrar-se de informações negativas sobre os outros, tomar distância de quem acredita que o subestime, culpar os outros, sabotar.

Quando a falha ou a crítica não podem ser justificadas, é comum que sejam generalizadas até o ponto de se tornarem um ato de acusação em relação a si, abaixando de forma geral a autoestima. Além disso, autossabotar-se pode ser um ótimo modo para se defender do fracasso, criando desculpas para não encará-lo verdadeiramente.

É evidente como todas essas modalidades cortam pela raiz a possibilidade de aprender e desenvolver as próprias competências.

Relações

Algumas pessoas dão muita importância ao incremento da própria autoestima por acharem que assim serão aceitas socialmente, provavelmente porque a percepção do próprio valor relacional aumenta.

Todavia, existem poucas provas de que aquilo que é feito para elevar a autoestima, e, portanto, a percepção de inclusão social, aumente realmente a popularidade, as conexões interpessoais e/ou as relações de apoio recíproco. Por exemplo, pessoas com autoestima elevada podem culpar os outros, se percebem ameaças destinadas a elas: esse comportamento protege a autoestima, mas as fazem parecer antipáticas aos outros (HEATHERTON; VOHS, 2000).

Pesquisas revelam que pessoas que focam na autoestima estão em menor sintonia com as necessidades e sentimentos alheios, e não raramente desejam ser superiores aos outros: a vida delas se transforma em uma troca baseada no equilíbrio entre dar e ter, na qual os outros se tornam concorrentes, senão inimigos. As relações serão vistas como ameaças contínuas a serem respondidas com evitação, afastamento, fuga, culpa, desculpas, raiva, antagonismo e agressividade. Essas reações defensivas podem causar isolamento e distanciamento dos outros, dificultando a formação de significativas e autênticas relações de apoio.

O desejo de reforçar ou manter a autoestima elevada pode, entre outras coisas, originar a vontade de ver o pior nos outros para melhorar a avaliação de si.

As pessoas com baixa autoestima tendem a focar em serem amadas, incluídas ou aceitas, e respondem às ameaças ao autoconceito buscando garantias dos outros. Tal desejo de aprovação e validação externa produz: excessiva sensibilidade aos sinais reais ou imaginários de rejeição; a suposição de que o comportamento negativo (percebido ou real) dos "outros significativos" reflita intenções hostis; e a prática de ações de defesa, que, com o tempo, minam a relação. Em particular, os homens suscetíveis à recusa tendem a reagir com ciúme, hostilidade e tentativas de controlar o parceiro; enquanto as mulheres, tendem a retirar seu apoio e a se tornar desencorajadas (DOWNEY; FELDMAN, 1996). *In itinere*, esse estilo de interação pode prejudicar a assistência mútua e levar à dissolução das relações.

Crocker e Park (2004) sugerem que a preocupação com as implicações que determinadas ações podem ter para o autoconceito induz as pessoas a perderem de vista as implicações dos eventos e das próprias ações sobre os outros. Esses indivíduos utilizam menos recursos cognitivos para compreender o ponto de vista do outro, não conseguindo, consequentemente, levar em consideração aquilo de que os outros precisam ou o que é bom para eles; o efeito disso é que os outros experimentam sentimentos de desconfiança e insegurança. Como já foi observado, o objetivo de validar a autoestima geralmente cria competição e desejo de sermos superiores aos outros. Isso, por sua vez, desencadeia a competição nos outros que não querem estar aquém e pode gerar desejo de vingança ou retaliação.

Autorregulação

A autorregulação consiste na capacidade de um indivíduo controlar comportamentos que geram consequências negativas indesejadas, bem como de perseguir os objetivos dos quais acredita poder receber benefícios futuros. Pessoas focadas na melhora ou na defesa do autoconceito têm dificuldade para autorregular o próprio comportamento.

Metcalfe e Mischel (1999) defendem a existência de dois sistemas para o autocontrole e a autorregulação: um "frio" e cognitivo, outro "quente" e emotivo. O primeiro permite permanecermos focados nos próprios objetivos, monitorando ao longo do percurso os progressos para alcançá-los. O segundo, porém, é veloz, imediato, enfatizado pelo estresse e estreitamente ligado aos estímulos ativadores. Visto que a autoestima tem consequências importantes sobre a emotividade, sua busca é, em grande parte, sob o controle do sistema "quente". No momento em que o autoconceito é ameaçado, normalmente se cede a impulsos imediatos com o intuito de sentir-se melhor, dando prioridade à regulação a curto prazo em relação a outros objetivos de autorregulação.

Como dito anteriormente, quando alguém tem metas ligadas à autoestima, é motivado a ver a si mesmo com uma luz positiva, desviando a responsabilidade pelo fracasso e procurando assumir, em grande parte, o mérito pelo sucesso. Daí resulta que a autorregulação é afetada pelas dificuldades experimentadas por ele em avaliar verdadeiramente a realidade e compará-la com o estado ideal; pode, portanto, tornar-se excessivamente positivo ou negativo em relação a eventuais discrepâncias, ou evitar a todo custo focar nas lacunas dos outros. Além disso, pode encontrar dificuldades para avaliar os progressos em direção ao alcance de um propósito. Tem-se uma eficaz autorregulação no momento em que se consegue desvincular-se dos objetivos, se os progressos estiverem muito lentos, mas comumente se verifica dificuldade para desvincular-se dos objetivos ligados diretamente à autoestima.

Crocker e Park (2004) assinalam que a busca da autoestima pode levar ao esgotamento dos recursos de autorregulação, pois estes são dissipados pelo esforço feito para satisfazer as solicitações do sistema "quente"; quando isso se verifica, não se está pronto para exercitar o autocontrole mesmo em outros setores nos quais as pessoas geralmente se autorregulam com sucesso.

Outro aspecto importante da autorregulação é o uso do tempo: na procura pela autoestima, o tempo é utilizado para preocupar-se, procrastinar, autossabotar-se e buscar a perfeição; o que falta é o senso de aceitação de limite e de imperfeição.

Saúde física

Os objetivos ligados à autoestima podem causar problemas de saúde física pela ansiedade e pelo estresse que produzem. Pessoas com altas metas de autoestima tendem a ser muito ansiosas, e a ansiedade tem efeitos negativos na saúde: não surpreende – a título de exemplo – que os estudantes que procrastinam os exames adoeçam mais frequentemente e apresentem mais estresse e enfermidades ao longo do período (TICE; BAUMEISTER, 1997).

Pode-se, portanto, especular que uma busca intensa por autoestima pode provocar ou ser uma das causas de algumas sintomatologias diretamente decorrentes de ansiedade e estresse. Não raro, para lidar com o efeito negativo associado à busca da autoestima, algumas pessoas começam a consumir bebidas alcoólicas ou a ter relações sexuais desprotegidas, com consequências potencialmente graves para a saúde (COOPER, AGOCHA; SHELDON, 2000; COOPER et al., 1995; COOPER, SHAPIRO; POWERS, 1998; HULL, 1981; HULL et al., 1983; HULL; YOUNG, 1983; STROEBE, 2000; SUINN, 2001; CANTELMI; LAMBIASE, 2007).

Impacto emocional e saúde mental

Nos últimos anos circularam críticas à utilização do nível de autoestima de uma pessoa como índice de avaliação de sua saúde psicológica (BAUMEISTER, SMART; BODEN, 1996; DAMON, 1995; ELLIS; LONDON, 1993; FINN, 1990; HEWITT, 1998; MCMILLAN, SINGH; SIMONETTA, 1994; SELIGMAN, 1995; SWANN, 1996). Na verdade, a busca de autoconceito parece ter implicações para a saúde mental, em particular nos casos de depressão, narcisismo e ansiedade (CROCKER; PARK, 2004).

Crocker e Nuer (2004), em contrapartida, consideram que a pesquisa não demonstrou que as pessoas precisam de autoestima, que a busca de autoestima seja um meio eficaz para reduzir a ansiedade e que ter ou buscar uma autoestima elevada ajude a alcançar os próprios objetivos. Ainda que uma baixa autoestima esteja ligada à presença de sintomas depressivos, a prova de que seja um fator de risco para a depressão, ao invés de um sintoma dela, não é definitiva (ROBERTS; GAMBLE, 2001; TENNEN; HERZBERGER,

1987). Crocker e Park (2004) consideram que a tendência para estender ao próprio valor pessoal o julgamento sobre os eventos tidos como negativos – característica típica de pessoas com metas ligadas ao alcance ou manutenção de uma alta autoestima – seja uma dinâmica conectada à presença e ao desenvolvimento da depressão. Além disso, a instabilidade da autoestima causada pelo sucesso e pelo fracasso em setores percebidos como importantes pode contribuir para o desenvolvimento dos sintomas depressivos. Enquanto o sucesso na busca de autoestima produz um aumento temporário de emoções positivas – dentre as quais, o orgulho –, em contrapartida, a falha causa quedas de autoestima e aumento de tristeza, raiva, vergonha e de outras emoções negativas intensas.

Se, por um lado, ter altos níveis de autoestima reduz a ansiedade, por outro lado, o objetivo de validar a autoestima evitando eventuais demonstrações da própria inutilidade é ligado, em grande parte, à ansiedade; em síntese, ainda que se aumente a autoestima para reduzir a ansiedade, a busca pela autoestima pode aumentá-la. O aumento da autoestima, além disso, é temporário; por exemplo, ainda que os estudantes mais velhos, que baseiam a própria autoestima em resultados acadêmicos, demonstrem um nível mais alto dela e uma redução dos efeitos negativos quando são aceitos em um curso de graduação, a força propulsora da autoestima dura no máximo alguns dias, para então retornar a seu valor de base (CROCKER, SOMMERS; LUHTANEN, 2002).

As tentativas diretas de aumentar a autoestima podem levar os jovens a tornarem-se mais narcisistas ou antissociais e a agarrarem-se a conceitos positivos de si, evitando, consequentemente, oportunidades desafiadoras de aprendizagem que poderiam ameaçar tal conceito (DWECK, CHIU;

HONG,1995; MUELLER; DWECK, 1998). Enfim, a busca da autoestima pode estar ligada à raiva ou à agressividade em relação às próprias fraquezas e à falta de empatia (SELIGMAN, 1995).

Cremos que é evidente que a busca por uma autoestima elevada seja, de fato, antitética à *mindfulness*: afasta-nos do presente, fazendo com que olhemos não só para o futuro, mas para uma imagem de nós que não existe, para um "eu" ideal fantasioso e desejado; é guiada por influências do passado sem que percebamos, mesmo as trocando pelo que é verdadeiro e correto, de que temos necessidade e direito; reduz nossa perspectiva sobre nós mesmos e sobre a realidade a somente alguns fatores; priva-nos da liberdade de pensamento e ação; isola-nos dos outros; torna-nos escravos das nossas emoções; impele-nos a ter motivações cabíveis à autossobrevivência, não criativas e inspiradas em valores éticos.

A *mindfulness*, porém, tem o objetivo de aumentar nossa consciência, ligar-nos *hic et nunc* à realidade, elevar nossos níveis de liberdade, colocar-nos em contato e comunhão com os outros, livrar-nos das influências das nossas emoções, sem nos privar da possibilidade de experimentá-las, e libertar-nos para nos orientarmos pelos nossos valores, mesmo em meio às dificuldades da vida.

2. A autocompaixão

A compaixão implica sermos tocados pelo sofrimento e pela dor alheia, surgindo assim sentimentos de gentileza para com os outros e o desejo de aliviar seus sofrimentos. A compaixão, além disso, pressupõe oferecer compreensão não julgadora em relação àqueles que cometem erros, de modo que suas ações sejam vistas no contexto da falibilidade humana compartilhada. Do mesmo modo, a autocompaixão implica sermos tocados pelo nosso sofrimento, sem evitá-lo ou procurar afastar-se dele, mas desejando aliviar nossa própria dor e curar a nós mesmos com gentileza.

Tudo isso não significa que nossas faltas passem despercebidas ou que não sejam corrigidas. Ao contrário, as ações necessárias para procurar mudar as coisas são postas em prática com doçura e paciência. É a falta de autocompaixão, sobretudo, que conduz à passividade, visto que, quando nos julgamos severamente por nossas faltas – no convencimento de que a autoflagelação possa forçar de algum modo a mudança e a melhora de si –, a mente pode esconder da consciência as inadequações, de modo que a autoestima não corra risco.

Através da autocompaixão, portanto, oferece-se a segurança emotiva necessária para analisar-se e compreender-se claramente, sem o temor da própria condenação, dando a si mesmo a permissão para perceber-se e compreender-se de forma mais cuidadosa e corrigir modelos mentais desajustados. Além disso, o cuidado consigo, intrínseco à autocompaixão, deve proporcionar um potente estímulo para o crescimento e a mudança.

Nota-se que a autocompaixão é bem distinta da autocomiseração. Quando os indivíduos experimentam piedade pelos outros, em geral, se sentem altamente independentes e desligados deles ("Graças a Deus é um problema seu e não meu"). Por sua vez, a autocomiseração tende a salientar sentimentos egocêntricos de separação dos outros e a exagerar o alcance do sofrimento pessoal. No entanto, os indivíduos compassivos percebem-se ligados aos outros e são conscientes de que o sofrimento é uma condição compartilhada.

Outro modo em que a autocompaixão é distinta da autocomiseração diz respeito à medida que os indivíduos se identificam com a dor e o sofrimento pessoais. Quem vive na autocomiseração se sente completamente absorvido pelos próprios sentimentos e tornam inacessíveis outros aspectos da pessoa capaz de oferecer respostas emotivas alternativas. No caso de emoções negativas associadas a falhas ou a inadequações pessoais, há um foco exagerado sobre as implicações para a autoestima que conduz a julgamentos excessivamente severos e a críticas sobre si. Além disso, crescem os sentimentos de separação e de isolamento, sem a percepção de que a condição do sofrimento é comum a todos os homens.

Inversamente, a autocompaixão requer que os indivíduos não se "sobreidentifiquem" com as suas emoções, de modo que haja um "espaço mental" no qual possam expandir a si mesmos com gentileza e reconhecer o contexto humano mais amplo da própria experiência. A autocompaixão é menos dependente de circunstâncias externas e se concentra mais na autovalorização, mesmo reconhecendo as imperfeições subjetivas.

A autocompaixão, exatamente como a *mindfulness*, requer estar próximo das próprias emoções negativas sem rejeitá-las, mas observando-as e acolhendo-as com gentileza; necessita que não haja fusão e que assumamos uma posição de cuidado em relação às emoções, ao invés de deixar-lhes no comando; requer a consciência de que somos parte de uma humanidade ampla e similar a nós; é isenta de julgamentos a respeito das emoções; é a premissa para se poder compreender sem exclusões ou negando partes de si; motiva à ação, tendo em mente o próprio bem. A autocompaixão é inteiramente alinhada com a modalidade do ser descrita no capítulo anterior.

Como foi observado no segundo capítulo, porém, os maiores benefícios são obtidos meditando consciente e intencionalmente. Quando aplicamos uma prática de *mindfulness* formal ou informal, buscando estar intencionalmente compassivos em relação a elas, certamente obtemos maiores benefícios do que se nos dedicarmos à *mindfulness* de modo asséptico. Em seguida, poderemos aplicar o que foi aprendido em situações da nossa vida, nas quais sejamos intencionalmente compassivos.

3. Autoestima e autocompaixão: duas construções em diálogo

Os parágrafos que seguem apresentam um *excursus* teórico que relaciona as construções de autoestima e autocompaixão, evidenciando características comuns e diferenças.

Compaixão e relações

A compaixão representa um papel importante não só no modo com que nos relacionamos com nós mesmos (por exemplo, como me julgo quando cometo um erro), mas também no modo com o qual nos confrontamos com os outros nas relações interpessoais (como trato a mim mesmo ou ao outro em uma relação interpessoal). Se no decorrer do capítulo focamos em grande medida a atenção sobre a compaixão em relação a si na relação consigo mesmo, agora nos concentraremos de modo específico nas relações interpessoais.

Compaixão pelo outro na relação com o próximo

Os objetivos que têm como alvo construir, manter e defender a autoimagem criam dinâmicas interpessoais negativas que minam as relações íntimas e a saúde mental. Contrariamente, os objetivos compassivos, que têm como finalidade apoiar o bem-estar dos outros, criam dinâmicas interpessoais positivas que promovem as relações íntimas e a saúde mental.

Uma grande quantidade de evidências científicas sugere que as relações interpessoais de alta qualidade afastam as pessoas do desconforto. Por outro lado, quando as pessoas não têm relações significativas ou quando a qualidade de suas relações é escassa, até mesmo a saúde física delas se ressente.

Canevello e Crocker (2011a) distinguem duas categorias de objetivos e examinam as consequências para si e para os outros: os objetivos que se concentram em si, nas próprias exigências e no próprio bem-estar, e os objetivos compassivos.

Quando as pessoas têm por objetivo a própria imagem pessoal, se concentram no que podem ganhar por aparecer aos olhos dos outros de determinado modo, buscando controlar esse tipo de resultado. Fazendo assim, porém, não se pode cuidar dos outros ou de suas necessidades.

Na segunda categoria de objetivos, no entanto, as pessoas ampliam os próprios domínios, estendendo-os além de si mesmas e concentrando-se nas necessidades e no bem-estar dos outros com autêntico cuidado ou preocupação. Canevello e Crocker (2011a) consideram que, quando as pessoas têm objetivos compassivos e auxiliam o bem-estar do próximo, criam dinâmicas relacionais e contextos que favorecem relações positivas e promovem a saúde mental, garantindo ainda uma proteção contra o desconforto.

A literatura científica identifica a responsabilidade de resposta como um princípio fundamental das relações íntimas (CLARK; LEMAY, 2010; REIS, CLARK, HOLMES) e a define como o processo através do qual os indivíduos se ocupam e dão suporte à essência das características do "eu" dos outros (REIS, CLARK, HOLMES, 2004). Quando as pessoas acreditam que nas relações os parceiros são responsivos, sentem-se compreendidas, validadas, cuidadas e, por conseguinte, envolvidas na intimidade, satisfeitas e engajadas nesses relacionamentos.

As pessoas propõem para si objetivos relativos somente à autoimagem quando creem que, dando uma boa impressão aos outros, podem obter aquilo que querem ou de que necessitam, e, estando focadas nesses objetivos, correm o risco de serem menos sensíveis em relação ao parceiro. Essa dinâmica, em seguida, as leva a perceber também o parceiro como alguém menos sensível para com elas e, como resultado, surge uma relação de baixa qualidade. Em contrapartida, quando se tem o objetivo compassivo de apoiar o bem-estar dos outros, torna-se mais sensível ao parceiro que, por sua vez, é percebido como mais responsivo, melhorando consequentemente também a qualidade da relação. Perceber os parceiros como sensíveis favorece a segurança da relação, o que pode permitir um deslocamento de atenção da proteção de si ao suporte para os outros, estimulando assim a obtenção de objetivos compassivos.

Além disso, as pessoas, quando notam a falta de responsividade dos outros, como consequência as tratam também de modo menos responsivo. Essa falta de responsividade cria uma distância nas relações que prejudica a percepção de segurança e a satisfação da relação, bem como o senso de proximidade e compromisso. Parece então razoável considerar que uma menor responsividade associada aos objetivos ligados à autoimagem possa predispor uma diminuição da consideração dos outros para si.

Uma baixa responsividade pode levar a uma queda da autoestima também porque, quando as pessoas se aplicam menos em suas relações, podem perceber uma diminuição de seu valor relacional, com uma consequente desvalorização da autoestima.

A responsividade poderia, no entanto, levar a um aumento da autoestima por ao menos duas razões. Em primeiro lugar, quando as pessoas são sensíveis, por sua vez, são retribuídas com igual sensibilidade, o que deveria aumentar a autoestima. Em segundo lugar, esses indivíduos fazem a diferença na vida dos outros, o que ocasiona um aumento da consideração por si mesmos.

Em conformidade com o que foi dito até agora, Canevello e Crocker (2010) desenvolveram uma pesquisa sobre alguns estudantes da faculdade que tinham acabado de começar a viver juntos no mesmo quarto. Os resultados produzidos apontam que, em função dos objetivos que perseguem (compassivos ou de autoimagem), os estudantes criam a qualidade das relações com os seus companheiros de quarto. Quando os estudantes estavam concentrados em defender ou melhorar sua imagem, criaram dinâmicas de reatividade negativa que, ao final, induziram os seus companheiros a valorizá-los menos. Por outro lado, quando os estudantes se concentraram em apoiar os companheiros de quarto, criaram dinâmicas de reatividade positiva que predispuseram os companheiros a dar maior valor a eles.

Em outra pesquisa de Canevello e Crocker (2011b), sempre sobre estudantes universitários, revelou-se que os objetivos compassivos contribuíam para a diminuição de suas angústias através dos auxílios que forneciam aos outros estudantes; os objetivos ligados à autoimagem permitiam, contudo, receber menos auxílio dos outros. Além disso, o nível de disponibilidade e altruísmo era associado à diminuição da angústia a longo prazo; porém, as vantagens de um maior apoio recebido permitiam obter resultados evidentes somente a curto prazo. Oferecer apoio, portanto, tem consequências mais substanciais em comparação a buscar apoio, a fim de diminuir a angústia pessoal. Em um estudo conduzido por Schwartz et al. (2003), constatou-se que a pessoa compassiva experimenta também maior saúde mental em relação àquele que, ao contrário, era o destinatário desses comportamentos.

Do ponto de vista físico, dar e receber suporte predispõe a pressão sanguínea mais baixa, melhor condição de saúde geral (BROWN, CONSEDINE; MAGAI, 2005; PIFERI; LAWLER, 2006) e mortalidade mais baixa (BROWN et al., 2003; BROWN et al., 2009).

Compaixão por si mesmo na relação com o outro

Pessoas com autocompaixão são mais propensas a resolver os conflitos relacionais de modo a equilibrar as próprias exigências e as dos outros. Os participantes de um experimento de Yarnell e Neff (2013) – 506 estudantes universitários americanos, dos quais 267 mulheres e 239 homens de idade compreendida entre 17 e 24 anos –, em posse de uma alta autocompaixão, tinham, significativamente, maior probabilidade de chegar a um compromisso relacional subordinando às próprias exigências nos conflitos com os pais, os melhores amigos e os parceiros: isso sugere que tendem a valorizar as exigências de cada uma das partes "em conflito", encontrando soluções equilibradas e profícuas. Os participantes do experimento de Yarnell e Neff apresentavam maiores chances de recuperar uma sensação de autenticidade quando resolviam os conflitos relacionais (em todos os contextos) em relação a indivíduos que não tinham autocompaixão. A capacidade de as pessoas com autocompaixão aceitarem a si mesmas permite a elas agir em conformidade com os próprios pensamentos e valores internos, portanto, de afirmar-se de modo autêntico nas relações. Os estudantes autocompassivos também referiam menos distúrbios emocionais quando procuravam resolver os conflitos relacionais. Quando surgem problemas delicados de relacionamento, a autocompaixão pode ajudar as pessoas a aliviar e aplacar a intensidade das emoções percebidas, de modo que se possa responder aos conflitos serenamente. Do mesmo modo, os resultados indicaram que uma maior autocompaixão era ligada a um senso mais elevado de bem-estar nas próprias relações.

A autocompaixão foi constantemente associada a uma maior capacidade de recuperação emotiva (NEFF, 2009), aspecto que poderia constituir uma válida ajuda também na gestão das emoções provenientes dos conflitos.

Autoestima e autocompaixão: os efeitos sobre o bem-estar subjetivo

Em geral, constatou-se que as pessoas com maior autocompaixão são menos propensas a experimentar realizações psicológicas negativas (LEARY et al., 2007; NEFF, 2003a). Neff, Rude e Kirkpatrick (2007), além disso, também concluíram que a autocompaixão é um indicador significativo de felicidade, esperança e interesses positivos. Uma parte considerável da literatura relacionada sugere que as várias formas de comportamento compassivo produzem benefícios para a saúde psicológica, sejam imediatos, sejam a longo prazo; entre eles, por exemplo, estados de ânimo positivos (MILLAR, MILLAR; TESSER, 1988), redução dos sintomas depressivos (KRAUSE, HERZOG; BAKER, 1992; TAYLOR; TURNER, 2001), autoestima elevada (KRAUSE; SHAW, 2000; YOGEV; RONEN, 1982). Os comportamentos baseados na compaixão podem ainda oferecer mecanismos de *coping* [enfrentamento] em momentos estressantes da vida: foi observado, por exemplo, que indivíduos com maior número de experiências de compaixão experimentavam considerável apoio social (CROCKER; CANEVELLO, 2008).

Segundo Crocker e Park (2004), os condicionamentos que ativam a autoestima e sua busca são difíceis de mudar, uma vez que se baseiam nas primeiras experiências emotivas infantis, que podem não ser acessíveis à consciência. Ao contrário, pode-se definir intencionalmente outros objetivos que sejam bons para si e para os outros; nesses objetivos intencionais, insere-se a autocompaixão. Os objetivos ligados à autocompaixão não podem acabar com a ansiedade e os medos, mas oferecem motivações úteis a essa busca pelo valor intrínseco que possuem. Todavia, abandonar os objetivos relacionados à autoestima requer lidar com medos e ansiedades acerca da morte, do abandono, da rejeição ou da incompetência. Buscar os próprios objetivos apesar desses temores exige forte motivação e um profundo convencimento do valor de tais objetivos.

É interessante notar que ter objetivos interpessoais e altruísticos parece produzir uma autoestima mais estável, não limitada nem defensiva, quando comparado a ter objetivos centrados em si e sobre o próprio valor pessoal (DECI; RYAN, 1995; DWECK, 2000; KERNIS, 2003).

A autocompaixão envolve muitos dos benefícios psicológicos que foram associados à busca da autoestima, apresentando menos armadilhas. De fato, não se basear em avaliações de desempenho, próprias e dos outros, ajuda a desencadear comportamentos protetivos contra os efeitos debilitantes do julgamento excessivo de si mesmo (HORNEY, 1950), como, por exemplo, a depressão e a ansiedade (BLATT et al., 1982); além disso, combate as tendências direcionadas ao narcisismo e ao egocentrismo que podem eventualmente se originar da tentativa de manter a autoestima elevada (FINN, 1990; MCMILLAN, SINGH; SIMONETTA, 1994), reforçando sentimentos de conexão com os outros, ao invés de se opor a eles.

Diferentemente de uma autoestima elevada, que pode levar à identificação com objetivos inadequados que vão além das próprias capacidades, a autocompaixão deve estar ligada a um maior conhecimento e clareza acerca dos próprios limites. Não surpreende, portanto, que as pessoas com autocompaixão tendem a ter a autoestima elevada (NEFF, 2003b), possivelmente porque reagir de modo gentil e não crítico em relação a si mesmas promove sentimentos positivos próprios. Porém, as sensações positivas que caracterizam as pessoas com autocompaixão não parecem envolver arrogância, narcisismo ou desejos excessivos ou ilusórios de autoaperfeiçoamento, que distinguem muitas pessoas que possuem ou desejam ter autoestima elevada.

Um direcionamento autocompassivo não requer ilusões ou uma atitude defensiva para preservar a autoimagem, mas implica, sobretudo, uma clara percepção das características pessoais, sendo boas ou ruins. Desse modo, permite reconhecer os próprios defeitos, ainda que se mantendo gentis e compreensivos em relação a si mesmos, favorecendo percepções precisas e, consequentemente, um comportamento mais eficaz.

Níveis elevados de autocompaixão foram associados a uma maior satisfação de vida, inteligência emotiva, iniciativa pessoal, competência comprovada, felicidade, relações seguras, conexão social e também menores níveis de autocrítica, depressão, ansiedade, ruminação, supressão do pensamento, perfeccionismo, objetivos de *performance* e distúrbios do comportamento alimentar (LEARY et al., 2007; NEFF, 2003; NEFF, HSEIH; DEJITTHIRAT, 2005; NEFF, KIRKPATRICK; RUDE, 2007; NEFF, PISITSUNGKAGARN; HSEIH, 2008; NEFF; MCGEHEE, 2010).

Neff, Rude e Kirkpatrick (2007) consideraram que a autocompaixão é associada a um aumento dos níveis de consciência reflexiva e afetiva, de iniciativa pessoal, de curiosidade e exploração, de felicidade e otimismo; descobriram também que a autocompaixão é significativamente associada à extroversão, à amabilidade, à conscienciosidade e, negativamente, ao neuroticismo. É importante assinalar também que a autocompaixão não é associada a um crescimento prejudicial da autoestima, mas à tomada de uma maior responsabilidade pelos erros do passado (LEARY et al., 2007). Isso sugere que a autocompaixão não é só um modo de "distorcer" ações ou eventos passados com o fim de considerar a si mesmo de forma positiva. Ela é ligada à capacidade de considerar e gerenciar as próprias emoções ao invés de evitá-las ou negá-las. Além disso, se os indivíduos com autocompaixão revelam a tendência a um maior conhecimento de si, deveriam também ser aptos para identificar os modos como suas ações contribuem para manter ou agravar uma situação estressante, permitindo-lhes adotar "passos mais focados" para aliviar o estresse.

Tudo o que foi descrito até agora é, claramente, *mindful!* A *mindfulness* visa, intencionalmente, a uma atitude não julgadora e de amorosa aceitação pessoal; é, portanto, inevitável, sobretudo se praticada intencionalmente, que produza uma atitude autocompassiva. Além disso, fazendo-nos sentir parte de um universo maior, estimula sentimentos de compaixão em relação ao próximo.

Conclui-se que não só convém sermos autocompassivos em vez buscar elevar ou sustentar a própria autoestima, mas que para fazê-lo é muito útil praticar a *mindfulness*. Muitas vezes, em terapia, não são poucos os pacientes que perguntam como podem aprender a amar-se. A *mindfulness* é uma estrada possível, porque nos explica *como* e nos oferece exercícios graduais para aprender a fazê-lo, com auxílio de leituras e, possivelmente, de uma válida orientação: não bastam, de fato, somente as boas intenções ou um conjunto de exercícios escolhidos casualmente. A *mindfulness* nos oferece uma combinação de modalidades estruturadas para avançar nesse processo, permitindo-nos realizar na prática aquilo que aprendemos, por exemplo, dentro de nossa crença religiosa. A *mindfulness* e a compaixão *mindful* representam estradas muito práticas para aprender como colocar em prática alguns ensinamentos de natureza espiritual. A *mindfulness*, em essência, é um percurso possível para aprender a compaixão de si e dos outros.

4. Autocompaixão e *mindfulness*

A autocompaixão *mindful* está nos fundamentos da capacidade de viver e administrar as próprias emoções de modo funcional: estarmos conscientes, no momento presente, das emoções de inadequação, desespero, confusão ou outras formas de estresse (*mindfulness*) e responder a elas com gentileza e compreensão (autocompaixão). A autocompaixão *mindful* significa também gerenciar as dificuldades emotivas – medo, raiva, tristeza, vergonha e dúvida de si – e nós mesmos com uma compreensão amorosa, levando consolo e bem-estar à própria vida.

A relação entre a *mindfulness* e a autocompaixão é estreita e indissociável, a ponto de, para praticar uma, inevitavelmente se pratica também a outra. Sem dúvida, os resultados e os maiores benefícios são obtidos praticando ambas intencionalmente, de forma a conduzir melhor tanto as habilidades como as motivações.

Ao longo do tempo foram estruturados verdadeiros treinamentos que, sob o modelo dos treinos padronizados sobre a *mindfulness* – como a Redução de Estresse Baseada em *Mindfulness* e a Terapia Cognitiva Baseada em *Mindfulness*, citadas no primeiro capítulo –, habilitam as pessoas a desenvolver a autocompaixão através da *mindfulness*. Citemos, por exemplo, o Treinamento *Mindfulness Self-Compassion* (MSC), com duração de oito semanas, ou o Treinamento Intensivo *Mindfulness Self-Compassion*, com duração de cinco dias,[2] idealizados por Kristine Neff (2011) e Cristopher Germer (GERMER, SIEGEL; FULTON, 2013; GERMER; SIEGEL, 2012; GERMER, 2009). Por meio desses programas, como destacam os autores, é possível aprender:

- como parar de ser demasiadamente duro consigo mesmo;
- como gerenciar as emoções difíceis com maior facilidade;
- como se motivar, encorajando-se ao invés de criticar-se;
- como transformar as relações difíceis, antigas e recentes;
- como praticar a *mindfulness* e a autocompaixão na vida cotidiana;

---

[2] Disponível em: <http://www.centerformsc.org/>.

- as teorias e as pesquisas por trás da *mindfulness* e da autocompaixão;
- como se tornar seu próprio mestre.

Em um estudo monitorado com amostragem casual verificou-se que o Treinamento *Mindfulness Self-Compassion* aumentou significativamente a autocompaixão, a compaixão pelos outros, a *mindfulness*, a satisfação pela vida, e diminuiu a depressão, a ansiedade e o estresse (NEFF; GERMER, 2013). Os avanços estão relacionados ao quanto a pessoa praticou a *mindfulness* e a autocompaixão na vida cotidiana, destacando novamente a necessidade do treino constante.

A autocompaixão, portanto, é uma atitude que se pode cultivar e treinar; um treino com duração de cinco dias ou oito semanas poderá oferecer os elementos de base para compreendermos e aprendermos esse modo de nos relacionarmos com nós mesmos e com os outros, que então será alimentado e exercitado com constância, para evitar que murche ainda antes de florir. Na sequência, como toda planta, deverá ser cuidado continuamente.

Apesar de existirem numerosas leituras e ensinamentos sobre a autocompaixão, de tipo psicológico, filosófico, espiritual e religioso, a vantagem dos protocolos e da literatura sobre a autocompaixão *mindful* é proporcionar instrumentos concretos e detalhados sobre como colocar em prática essa atitude, dando indicações práticas e treinando as habilidades necessárias para desenvolvê-la.

Nos *websites* de Neff e Germer, os autores do Treinamento *Mindfulness Self-Compassion* , é possível encontrar recursos, em inglês, para começar a desenvolver essas habilidades mediante exercícios típicos da *mindfulness* – como o *body scan* ou a meditação sobre a respiração –, reelaborados em versão compassiva; exercícios de imaginação guiada, elaborados com o fim de interiorizar a compaixão de modo *mindful*; e, enfim, exercícios para pôr em prática no cotidiano.[3] Para quem deseje aprofundar mais essa prática, aconselhamos a leitura das obras dos autores (GERMER, 2009; NEFF, 2011), das quais extraímos adaptações para os exercícios presentes neste livro.

Propomos agora a vocês um deles.

Exercício: o criticador, o criticado e o observador compassivo

Trata-se de uma variação da "técnica da cadeira vazia", clássico exercício da tradição terapêutica de Gestalt, em que o paciente se senta em cadeiras diferentes para entrar em contato, ou seja, para perceber de modo mais aprofundado, com diversas partes de si (por exemplo, modos diferentes de pensar, de agir, emoções conflituosas, elementos do próprio presente e do passado, expectativas e desejos conflituosos), e vivê-las ao mesmo tempo, integrando e sintetizando os conflitos.

Nesse exercício é fundamental dedicar-se a alternar e personificar ao máximo três papéis-chave: o criticador, o criticado e o observador compassivo. Com o fim de experimentar os efeitos emotivos e cognitivos de cada personagem:

- colocamos três cadeiras em disposição triangular;
- pensamos em um problema recorrente nosso, que nos suscita autocrítica;
- uma cadeira representará a idealização da nossa voz criticadora;

---

[3] Cristopher Germer, disponível em: <http://www.mindfulselfcompassion.org/>. Kristine Neff, disponível em: <http://self-compassion.org/>.

- uma cadeira representará a parte criticada;
- a última cadeira representará o observador compassivo.

Personifique cada uma dessas três partes, ainda que se sinta um pouco bobo.

No momento em que pensar no problema, sente-se na cadeira de seu "eu crítico" e note frases e pensamentos que geralmente você diz a si mesmo: serão certamente acompanhados por um tom intenso e agressivo e, provavelmente, isso lhe produzirá raiva ou tristeza, que terão efeito também sobre seu corpo, o qual se tornará rígido ou tenso. Preste atenção em todos esses elementos: o que diz a você, como o diz e como se sente fisicamente.

Depois mude para a cadeira do "eu criticado" e escute suas respostas para essas mensagens hipercríticas: como se sente? Experimente dialogar com o "eu crítico", devolva a ele as sensações e emoções de mal-estar suscitadas por suas provocações. Note o tom de sua voz e também as sensações físicas que experimentar.

Procure iniciar um diálogo entre as duas partes, expondo opiniões, pensamentos e motivações de cada uma delas. Para conduzir esse diálogo, desloque-se fisicamente de uma cadeira a outra. Envolva-se nessa exposição, procurando viver plenamente as razões tanto de uma quanto da outra parte, prestando atenção também aos sinais físicos e emotivos e às formas expressivas.

Enfim, conceda um espaço ao seu lado compassivo e, com isso, procure falar e entender as razões das outras duas partes: observe-as atentamente de modo consciente.

O que diz sua compaixão a ambas as partes? Quais frases e emoções tem em relação a elas? Continue a observar com consciência os sinais que se revelam dos dois "eus". Não há uma guerra em curso, procure permanecer terno consigo mesmo. Busque relaxar, deixando o coração aberto.

Após tentar entender as razões das duas partes, e após tê-las aceitado, procure falar com elas de modo compassivo. Quais palavras estão usando e com qual tom? Note também sua postura, preste atenção em seu corpo. Quando sentir ter dito tudo aquilo que tinha no coração, pare. Reflita sobre o que ocorreu. Note se há novas disposições a considerar, intuições sobre a origem da parte criticadora ou novas capacidades de diálogo entre as partes: de agora em diante, procure tratar-se de maneira mais delicada e gentil.

Você dialogou, finalmente, com sua parte crítica. Pode continuar a fazê-lo quando quiser, com base em seu "eu" compassivo, que estará sempre à disposição. Cada vez que estiver consciente de que está se acusando inutilmente, pare, observe o modo com o qual se critica ou acusa, note as reações que tem a essas acusações e faça uma pequena pausa para olhar-se e falar consigo de modo mais compassivo, seja à parte crítica, seja à censurada.

Quanto mais fizer esse exercício, mais se tornará fácil e rápido aplicá-lo nos momentos de dificuldade.

Em síntese

→ Como vimos no capítulo anterior, existe uma estreita ligação entre a prática e as atitudes da *mindfulness* e a autocompaixão, tanto que não pode existir uma sem a outra: não é possível ser *mindful* sem exercitar a compaixão, assim como não é possível ser compassivo sem ter uma atitude *mindful*.

→ O tema da autoestima é amplamente tratado na literatura, e a busca de um bom nível de autoestima se tornou uma preocupação central na cultura ocidental; isto é, mesmo em tempos recentes, os discursos críticos em relação à atitude de busca direta e intensa de um nível de autoestima elevado ou satisfatório aparecem sempre em maior quantidade, o que evidencia não só os limites, mas também os riscos em nível relacional, físico, emotivo e cognitivo.

→ A autocompaixão, porém, parece ser uma atitude capaz de fazer com que se obtenham as mesmas vantagens da autoestima elevada, mas sem os mesmos limites e riscos.

→ A compaixão implica sermos tocados pelo sofrimento e pela dor alheia, deixando que surjam sentimentos de gentileza em relação aos outros e o desejo de aliviar seus sofrimentos. A compaixão, ademais, requer a oferta de compreensão não julgadora em relação àqueles que erram, a fim de que suas ações sejam consideradas no contexto da falibilidade humana compartilhada. Do mesmo modo, a autocompaixão implica sermos tocados pelo próprio sofrimento, sem evitá-lo ou procurar afastar-se dele, mas desejando aliviar a própria dor e curar a si mesmo com gentileza.

→ Segundo Neff (2003), diante de experiências de sofrimento ou fracasso pessoal, a autocompaixão se articula em três componentes de base: (a) a gentileza e a compreensão sobre si mesmo, em vez do juízo e de uma dura crítica pessoal; (b) a capacidade de olhar para as próprias experiências como parte da experiência humana compartilhada, em vez de vê-las como separadas e isoladas; (c) a capacidade de gerenciar os próprios pensamentos e sentimentos dolorosos em um estado de consciência equilibrada, em vez de identificar-se excessivamente com eles. Esses aspectos de autocompaixão são conceitualmente distintos e se encerram de maneira diferente em nível fenomenológico, mas interagem reciprocamente a fim de melhorar um ao outro.

→ A autocompaixão é uma atitude que se pode cultivar e exercitar através de treinos específicos, leituras e exercícios que poderão proporcionar, porém, somente os elementos de base para compreender e aprender este modo de nos relacionarmos com nós mesmos e com os outros, que necessita, afinal, ser alimentado e praticado com constância.

4

Mindfulness e a oração cristã

Por Roberto Fusco

Geralmente, quando falamos de *mindfulness*, pensamos em primeiro lugar em um modo de despertar nossa consciência no *aqui e agora*; tendemos, por isso, a relegá-la ao âmbito das práticas psicológicas que podem ajudar a controlar o estresse e a ter uma atitude mais sã conosco mesmos e com a realidade. Na verdade, tal exercício não é útil somente como técnica de consciência, mas, facilitando a consciência de estarmos presentes a nós mesmos, pode também favorecer algumas atividades que estejamos empenhados em fazer, ligadas à calma e à concentração: a oração, por exemplo, enquanto ato espiritual global, necessita da inteira presença da pessoa que se põe em relação com Deus.

O coração é só um pequeno vaso: mesmo assim nele se encontram dragões, leões, criaturas venenosas e todos os tesouros da maldade; há caminhos íngremes e tortuosos e abismos abertos. Mas lá também há Deus, os anjos, a vida e o Reino; lá há luz e os apóstolos, as cidades celestiais e os tesouros da graça: tudo está lá.

Citado por Caritone de Valamo

A oração, de fato, enquanto ação espiritual, não envolve somente a racionalidade ou a afetividade, como muitos podem pensar, mas também a corporeidade e a fisicalidade; espiritual, na verdade, é tudo aquilo que é animado pelo Espírito Santo de Deus, e isso, evidentemente, envolve e permeia todo o ser, sentidos e corpo, inclusive.

De fato, a mesma experiência mística, assim como nos é contada por aqueles que a viveram, é a manifestação mais alta de uma experiência com Deus, na qual todo o ser é envolvido, do corpo ao espírito. Mas não é assim também na oração de cada um de nós? Se essa é – como realmente deveria ser – uma relação de amor com Deus, não se pode excluir dela nem mesmo o corpo e os sentidos. A oração é um estar diante de Deus com todo o ser, sem excluir nada de nós. É talvez o exercício mais alto de consciência, porque quanto mais somos conscientes de que Deus está conosco e que nos ama infinitamente, mais nos tornamos conscientes também de nós mesmos, do nosso "eu" mais autêntico e da nossa dignidade de filhos de Deus. A autêntica oração cristã, portanto, é a forma mais alta de consciência, porque nos ajuda a aproveitar o sentido sobrenatural do momento presente enquanto momento de graça no qual Deus se manifesta a nós, *aqui e agora*. Quanto mais se é consciente disso, mais se faz uma grande descoberta: Deus não está fora de nós. Está dentro, na parte mais profunda e escondida de nós: naquele mundo interior que, geralmente, definimos como coração. É um mundo no qual só Deus tem pleno direito de cidadania. As palavras de Santo Agostinho, segundo as quais a verdade habita no homem interior, de repente se tornam para cada um de nós uma experiência sentida e significante.

Neste capítulo, queremos explorar o significado da oração cristã, sobretudo em relação a alguns modelos de oração e a alguns autores espirituais, considerando-a como expressão peculiar da *mindfulness*: será uma ocasião útil para redescobrir também o sentido mais genuíno da própria oração, entendida primeiramente como consciência de si diante de Deus.

Como é realmente bela, como é boa a ascensão da paz! Seu jugo é suave e seu peso é leve. Doce a vida, alegre a prática. Você quer deste modo, ou deleite, enveredar pela vida solitária como é, e correr aos troféus da paz? Deixe aqui os cuidados do mundo, os principados e as potestades estão disso encarregados, isto é, destacado da matéria, impassível, sem concupiscência alguma, a fim de que, tendo-se tornado estranho ao assédio que deriva de todas essas coisas, você possa viver em verdadeira paz.

Evagrio Monaco

1. *Mindfulness* e a Palavra de Deus

O primeiro e mais consciente convite à consciência de si e à consciência do próprio ser profundo, *aqui e agora*, vem primeiramente das Escrituras. Quando foi posta a Jesus a pergunta a respeito de qual seria o primeiro e mais importante dos mandamentos, ele responde citando o livro de Deuteronômio: "Escute, Israel!" (Mc 12,29). Portanto, o principal mandamento que Deus dá ao seu povo é o de *escutar*. A essa escuta liga-se também uma outra indicação igualmente clara: "Parem e saibam que eu sou Deus, exaltado entre as nações, exaltado na terra" (Sl 46,11). "Parar" significa tomar consciência de que Deus é o Senhor, e não nós. Isso, evidentemente, recria-nos um senso adequado da realidade e nos devolve paz e serenidade; porém, torna-se impossível se não paramos de pensar em tudo menos no fato de que Deus fala aqui e agora comigo, e não com outro. O risco é o de cultivar nossas ideias sobre Deus, e essas, ao final, nos dão uma imagem dele que normalmente é mais fruto das nossas convicções e projeções do que da autêntica face de Deus.

Mesmo a conversão, ato fundamental ao qual cada crente necessita alinhar a própria vida, é um processo que pode se desenvolver somente na calma paciente que evita qualquer superficialidade: "Porque assim diz o Senhor Deus, o Santo de Israel: 'Na conversão e na calma está a vossa força'" (Is 30,15). A calma de que fala o profeta, evidentemente, é a expressão da confiança em Deus e da tomada de consciência de onde se encontra atualmente, para poder voltar a ele. A pergunta de fundo é: "Onde estou? Estou consciente de estar distante de Deus ou bastante próximo?". Para responder a estas perguntas, é necessário ter uma profunda consciência de si. Portanto, uma atitude *mindful* na nossa vida de fé é reservada, em primeiro lugar, à nossa relação com a Palavra de Deus.

A esse respeito, os antigos monges já tinham feito a experiência do quanto é importante ter, perante ela, uma atitude vigilante e consciente: a Palavra de Deus nos ajuda a desenvolver um comportamento concreto e cotidiano que nos permite estar na presença de Deus sem fugir para o passado ou no futuro, mas simplesmente parando diante dele, que nos fala aqui e agora. É de longuíssima data a prática da leitura orante da Palavra, que os antigos já chamavam de *Lectio Divina*. Guigo II, o Cartuxinho, em sua famosa *Carta sobre a Vida Contemplativa*, exprimia de maneira clara no que consiste tal prática, e definia o trabalho da mente e do coração: para esse autor, a oração inspirada pela Palavra de Deus se articula em quatro degraus espirituais, como os de uma escada ideal em direção a Deus.

Um dia, enquanto estava ocupado em um trabalho manual, comecei a pensar na atividade espiritual do homem, e de repente se apresentaram à minha reflexão quatro degraus espirituais: a leitura, a meditação, a oração, a contemplação: "lectio, meditatio, oratio, contemplatio". Essa é a escada dos monges, através da qual eles se elevaram da terra ao céu. Formada, na verdade, por poucos degraus, mas com imensa e inacreditável altura, da qual a parte inferior está apoiada a terra, enquanto a superior penetra as nuvens e observa os segredos dos céus.

Guigo II, o Cartuxinho

A leitura, que é o primeiro degrau, é o momento no qual a alma começa a mastigar o alimento da Palavra de Deus, para nela encontrar nutrição e conforto. Ler, portanto, significa adentrar o próprio coração, viver conscientemente a mensagem daquela Palavra que escutei para assimilá-la – assim como a comida –, de forma que ela se torne para mim energia e força espiritual. Desse ponto, passa-se à meditação, que penetra o interior e busca entender o sentido profundo das coisas que foram ouvidas e lidas, para que elas se tornem uma experiência interior profunda.

Tudo isso culmina no terceiro degrau da *Lectio Divina*, que é a oração: é esse o momento em que a alma, consciente de si mesma diante de Deus e estimulada pela Palavra, volta-se a ele e com ele se mantém em um diálogo amoroso e profundo. A passagem ao último degrau é o da contemplação: em face dos pedidos prementes da alma que busca o Senhor, ele se faz presente com sua visita discreta e profunda, e cumpre todas as intensas aspirações de quem o procura, transformando-o internamente através de sua luz divina.

Não acreditem que se possa obter o recolhimento procurando aplicar a inteligência ao considerar que Deus está em nós, ou procurando representá-lo na alma pela imaginação. Parece-me ter lido que acontece como em um ouriço ou uma tartaruga, quando se retiram em si mesmos. Porém, esses animais se retiram quando querem, ao passo que aqui não depende de nós, mas só de Deus quando é preciso ajuda. E se esses que Deus convida a subir o deixam de mãos vazias, posso afirmar que não irão parar aqui.

Santa Teresa D'Ávila, *O castelo interior*

2. *Mindfulness* e a meditação

Partindo do que foi dito até agora por Guigo II, o Cartuxinho, em relação à meditação, podemos fazer ideia de quanta importância assume essa modalidade de oração na tradição espiritual cristã.

Ela se desenvolveu em virtude de um percurso paralelo à *Lectio Divina*, assumindo modalidades próprias e significados peculiares. Mas o que entendemos quando falamos de meditação cristã? Dar uma definição unívoca de meditação, evidentemente, torna-se complicado, por assim dizer, porque essa modalidade de prece foi descrita, transmitida e vivida conforme sensibilidades e significados diferentes no decorrer dos séculos. A grande variedade dos métodos de meditação, ligados a várias escolas de espiritualidade que pululavam, sobretudo, entre os anos 600 e 700, demonstra a profunda versatilidade dessa forma de oração, considerada sempre a oração por excelência em âmbito cristão. No sentido clássico, meditar significa, acima de tudo, refletir sobre um objeto, que pode referir-se a um trecho bíblico, ou a uma verdade revelada, ou a um aspecto particular da fé. Teresa d'Ávila, grande mestra da oração e da contemplação, convida a pensar na meditação como uma forma de prece que parte da reflexão, mas que, na verdade, depois desce profundamente e envolve todo o ser, no qual progressivamente Deus se revela: ele mesmo toma pela mão aqueles que se exercitam na meditação e os leva a destinos muito elevados. A meditação é, portanto, uma análise, um trabalho minucioso feito de paciência e de tenacidade, porque o objetivo da meditação não é tanto o de refletir sobre um conceito, mas sim de interiorizar tal verdade de fé, tornando-a sustento para a própria vida.

Em um documento da Congregação da Doutrina da Fé de 1989, no qual se comparava a meditação cristã com a proposta das tradições orientais, coloca-se em evidência a importância do aspecto físico da oração: a oração de Jesus, por exemplo, pertence à tradição cristã oriental e se adapta muito bem à respiração. É precisamente isso que dá o ritmo de uma oração contínua, que pode ser praticada sem interrupção

Talvez não seja algo correto, piedoso e santo meditar todos esses mistérios? Quando minha mente pensa neles, encontra Deus, sente aquele que em tudo e por tudo é o meu Deus. É, portanto, verdadeira sabedoria ater-se sobre ele em contemplação. É voltar-se a espíritos iluminados para preencher o próprio coração com a doce lembrança.

São Bernardo de Claraval

Também o cardeal Carlo Maria Martini (2009) considerava de grande utilidade exprimir a própria atitude interior de oração através da postura corpórea: os braços levantados, as mãos unidas ou colocar-se de joelhos, ou ainda prostrar-se com a face em direção a terra, são todas explicitações de modos de estarmos presentes diante de Deus que se referem, acima de tudo, à interioridade, mas que também se expressam fisicamente. Isso, evidentemente, retoma certa atenção à corporeidade e à fisicalidade na oração que já era presente no passado, em algumas tradições e em algumas figuras de santidade. É o caso de relembrar, por exemplo, os *Nove modos de orar* de São Domingos,[1] ou as indicações

---

[1] A biografia de São Domingos de Gusmão, fundador da Ordem dos Padres Pregadores, nos transmitiu informações detalhadas sobre como o santo deveria orar: em particular, eram nove as expressões de oração que o santo praticava e que, na realidade, exprimiam toda sua vida de fé e união com o Senhor. Esses nove modos de orar resumem uma experiência de oração que diz respeito também ao corpo, à gestualidade e à expressão verbal: prostrar-se em terra, ajoelhar-se, curvar-se, elevar os olhos ao crucifixo, realizar obras de penitência corporal, colocar-se de maneira ereta com as mãos abertas e elevá-las diante de si ou

que, a esse propósito, Santo Inácio de Loyola dá nos seus *Exercícios Espirituais*.[2]

Certos livros de oração recomendam insistentemente manter-se distantes de toda imagem corpórea para fixar-se somente na divindade. Dizem que para quem chegou a esse ponto seria embaraçosa até a humanidade de Cristo, a qual impediria uma contemplação mais perfeita. Esse método algumas vezes pode ser bom, mas abandonar inteiramente a humanidade de Cristo e tratar seu corpo divino à semelhança das nossas misérias ou de todas as outras criaturas, não, não, não posso suportar!

Santa Teresa D'Ávila, *Vida*

Meditação e consciência de si

A sensibilidade dos dias atuais tende a considerar a realidade de maneira mais global, e por isso mais complexa. O pensamento contemporâneo nos habituou a levar em conta uma série de fatores que, certamente, os nossos antigos autores conheciam pouco ou nada: a complexidade da existência,

---

com os braços abertos em forma de cruz, inclinando-se em direção ao alto, ou sentar-se e beijar algumas vezes o sagrado livro das Escrituras, ou ainda orar quando viajava a pé; eram essas expressões corpóreas que manifestavam a devoção do santo e também a sua profunda experiência com Deus que envolvia todo seu ser.

[2] Por exemplo, nos textos do n. 74 ao n. 76 dos *Exercícios Espirituais*, o fundador da Companhia de Jesus propunha, como preparação para os exercícios de meditação, utilizar, primeiramente, a imaginação para tornar mais frutífera a oração. Além disso, ele sugeria várias posições do corpo (em pé, de joelhos, prostrado à terra, de costas), até que o exercitante encontrasse uma situação na qual corpo e espírito estivessem em consonância, e o exercício de oração resultasse em um fruto autêntico do amor de Deus.

os ritmos sempre mais prementes, a vida relacional que geralmente pode se tornar complicada em outros planos; tudo isso necessita de uma renovada atenção à própria interioridade, a uma aproximação global à pessoa e à sua vivência social, racional, emocional e corpórea. É evidente que, quando se pensa em oração, de modo especial em oração meditativa, é necessário colocar-se em relação a ela partindo justamente dessa aproximação global à pessoa. Não é possível pensar em um ato meditativo que não inclua, em si mesmo, a consciência de si diante de Deus. Em uma relação de amor com o Senhor, o momento presente tem um papel de fundamental importância: minha relação com ele se desenvolve em um *aqui* e em um *agora* bem precisos, e nesse espaço, nesse âmbito bendito; estar consciente de mim significa descobrir um Deus que fala a mim. Agora, porém, é bom esclarecer outro aspecto.

Autores como Anthony de Mello (de quem falaremos amplamente a seguir) já observavam um dado imprescindível: entre a *mindfulness* e a oração cristã há uma essencial semelhança, ao menos em princípio. Mas erraríamos se considerássemos a *mindfulness* como uma modalidade de oração que possa ser aplicada e realizada sem uma adaptação necessária. De fato, a *mindfulness* é um meio que nos pode ajudar a encontrar Deus, *aqui e agora*. Sua prática é utilíssima para viver a consciência do encontro com Deus como um momento que dá paz e nos faz experimentar sua proteção. Mas essa é uma preparação, um meio que nos introduz na autêntica oração; a *mindfulness*, portanto, tem a função de nos ajudar a criar as disposições corretas para escutar a voz de Deus, com simplicidade, mas de maneira profunda.

3. *Mindfulness* e a oração contemplativa

O âmbito da oração cristã no qual notamos maior semelhança com a *mindfulness* é, sem dúvida, a oração contemplativa. Essa também possui uma longuíssima tradição na espiritualidade cristã, e é realmente surpreendente constatar o quanto essa forma de oração apresenta pontos de contato com a *mindfulness*. Seria, por isso, no mínimo incompleto e parcial dizer que a *mindfulness* se refira diretamente à tradição budista: a contemplação cristã apresenta em si elementos que, mesmo se referindo a significados diferentes, percorrem o mesmo caminho e buscam os mesmos resultados da prática da consciência de si na oração.

No silêncio e na paz a alma devota progride e aprende o significado oculto das Escrituras; no silêncio e na paz encontra rios de lágrimas para lavar-se e purificar-se toda noite, e se torna tão mais íntima de seu criador quanto mais está distante de todo alarido mundano. Se, portanto, alguém se retira de conhecidos e amigos, a ele se fará próximo Deus, com os santos anjos. É melhor estar apartado para cuidar do próprio aperfeiçoamento do que fazer milagres esquecendo-se de si mesmo.

Imitação de Cristo, XX, 1

A contemplação em alguns autores antigos e modernos

Os antigos monges já tinham entendido a importância de uma atitude orante que permitisse perceber Deus através de uma consciência sempre mais clara de sua presença amorosa em nós. Autores como Evâgrio Pôntico, Hesíquio e Diádoco de Foticeia propunham aos seus discípulos uma prática de oração e de ascensões que tinha em grande consideração a capacidade de ler, *aqui e agora*, os vários movimentos interiores.

A proposta desses antigos monges, na verdade, implica já um profundo exercício de consciência, porque nos torna atentos àquilo que nossa consciência experimenta e adverte, para depois saber reconhecê-lo como proveniente de Deus ou não. Quando Evâgrio Pôntico escreve a respeito dos oito espíritos do mal, implicitamente quer nos advertir que no nosso coração e na nossa mente há rumor: um rumor criado pelo inimigo, o qual, evidentemente, nos quer fazer perder o silêncio interior e a consciência de que Deus está presente em nós, na parte mais profunda do nosso ser.

Não saias de ti, volta-te a ti mesmo: a verdade habita no homem interior. E, ao dar-te conta de que a tua natureza é mutável, transcende também a ti mesmo. Busque chegar lá onde a própria lâmpada da razão recebe luz.

Santo Agostinho, *A verdadeira religião*

A necessidade de voltar a si mesmo para escutar a verdade é destacada por *Santo Agostinho de Hipona* (354-430), o qual – em um célebre escrito autobiográfico –, revendo sua experiência de vida e seu caminho em busca de Cristo, observa que seu maior erro foi procurar Deus fora de si, quando, na realidade, ele estava dentro dele.

Isso provocava, no santo doutor de Hipona, uma observação muito pertinente: "Estava comigo, e eu não estava contigo" (*Confissões*, 10, 27, 38). Viver em Deus, portanto, significa sermos, acima de tudo, conscientes da sua presença; contemplar implica uma tomada de consciência profunda dele, que não está distante de nós, mas nos é íntimo de tal forma que vive em nós permanentemente. Em seguida, a tradição do Oriente cristão também continuou sua reflexão e sua busca por modos através dos quais se colocar para a contemplação: as experiências e as sábias indicações de tantos monges antigos foram canalizadas na prática do "hesicasmo". Tal prática, de antiquíssima data, se difundiu, sobretudo, a partir do movimento monástico do Monte Atos e tinha como objetivo alcançar, através da contemplação, a *hesychia*, isto é, a paz e a tranquilidade interior.

Para fazer isso, ela coloca ao centro da experiência contemplativa a prece do coração: essa é uma procura pela face de Deus, buscada através de um deslocamento da atenção contemplativa da mente ao coração. Nos autores hesicastas são muitas as indicações acerca da necessidade de fazer com que chegue a oração da cabeça ao coração. Para fazer isso, a tradição hesicasta elaborou um verdadeiro método psicofísico: tal método lembra muito algumas técnicas de ioga, mesmo que seu significado seja, evidentemente, muito diferente. Na prática, isso consiste em uma oração que envolve também o corpo: o monge Nicéforo, na *Filocalia*, sugere sentar-se em uma posição humilde em um ambiente tranquilo, abaixar a cabeça sobre o peito e focar a atenção nas próprias vísceras, onde se encontra o lugar do coração e as sensações espirituais por ele representadas.

Por isso não devemos nos turbar nem abandonar a oração, que é justamente o propósito do demônio, mas nos convencermos de que a maior parte dessas inquietudes e sofrimentos provém de não conhecermos a nós mesmos.

Santa Teresa d'Ávila, *O castelo interior*

Controlando a respiração e invocando o Santo Nome de Jesus, é possível viver uma experiência com Deus que vai além do que podemos pensar em experimentar, uma profunda paz. Essa tradição vai se concentrar, nos séculos posteriores, na oração de Jesus, que encontramos descrita em sua prática no texto chamado *Relatos de um peregrino russo*, que, junto à *Filocalia*, é até hoje um dos textos mais importantes para a espiritualidade ortodoxa. Esse livro, escrito na segunda metade do século XIX, narra sobre um anônimo peregrino que, após ter buscado um modo de aprender a orar sempre, encontra um homem de Deus. Ele o ensina a prática hesicasta da repetição incessante do nome de Jesus. A história se desenrola sobre os progressos espirituais do peregrino e do seu crescente caminho de interiorização da oração de Jesus, até estar completamente transformado internamente, a tal ponto de ela entrar no coração e na vida do peregrino, fluindo espontaneamente nele.

Por "oração contínua" se entende a dita "Oração de Jesus" ou "oração do coração", que consiste na contínua e incessante repetição do Nome de Jesus com os lábios, com a mente e com o coração, durante toda ocupação, em todo lugar e tempo, também durante o sono. A Oração se compõe destas palavras: "Senhor Jesus Cristo, Filho de Deus, tenha piedade de mim, pecador!". Quem se habituar a essa invocação experimentará tal consolação e necessidade de pronunciá-la continuamente que não poderá mais viver sem ela, que fluirá espontaneamente dentro dele.

Relatos de um peregrino russo

O grande século de ouro dos místicos espanhóis representa um novo aprofundamento da doutrina e da prática contemplativa, que coloca ao centro da experiência espiritual o despertar da consciência interior de que Deus está em nós. Portanto, a verdadeira experiência contemplativa consiste em se dar conta disso e iniciar uma viagem interior em direção ao centro da alma, onde verdadeiramente está Deus, que nos espera para nos revelar os seus segredos. *Santa Teresa d'Ávila* (1515-1582) transcreve suas experiências centradas na mística da interioridade na obra *O castelo interior*, que representa um clássico da espiritualidade de todos os tempos. Nele, Santa Teresa explica que a alma é um castelo, dentro do qual há um número infinito de moradas: o percurso para encontrar Deus, que habita no centro de nossa alma, se desenrola através da passagem por sete delas. Através da viagem por essas moradas – ou mansões –, a alma se submete a uma série de progressivas transformações e purificações interiores, até quando estiver pronta para cruzar a última morada, aquela na qual o rei a espera para celebrar o místico matrimônio entre ele e ela. Ante a questão sobre como se pode realmente avançar pelas moradas do castelo, Teresa responde sem delongas que isso acontece através da meditação e da contemplação. Portanto, Deus não é buscado fora de si: isso criaria somente uma inútil perda de tempo. Ao contrário, o verdadeiro trabalho consiste justamente nesse percurso em direção à interioridade, para conhecer a si mesmo e a Deus que habita em nós: quanto maior o empenho e amor com os quais se percorre esse caminho entre as moradas e os corredores do castelo, mais cresce a consciência de que Deus me espera, *aqui e agora*, para se manter cordialmente comigo e, ainda, para se unir em matrimônio comigo.

São João da Cruz (1542-1591), também carmelita, por sua vez recorre ao simbolismo da subida. Retomando uma imagem utilizada muitas vezes entre os autores espirituais do passado, ele relê e interpreta o caminho em direção a Deus como uma subida rumo ao monte Carmelo, ao topo do qual se experimenta a união transformadora com Deus. No pico da montanha, portanto, não existe mais caminho para percorrer: explica o santo que "aqui não há mais lei; ele é a lei a si mesmo". O motivo é que, quando se alcança o ápice do percurso, nos encontramos no lugar em que habita somente a glória e a honra de Deus, nada mais. Quem chega a essa etapa, já viveu um percurso de profunda purificação que São João da Cruz define através do dinamismo do tudo e do nada: para saborear o tudo, que é Deus e seu amor, é preciso renunciar a toda satisfação e gosto particular. É o nada, isto é, o abandono de todo apetite que se sente para viver à luz da fé, somente na nua presença de Deus. Estar na presença de Deus, na nudez da fé, é a expressão mais alta da união transformadora: a alma, levada através das noites de purificação a uma profunda experiência com

Deus, já vive com ele uma união transformadora que queima interiormente, como uma chama viva de amor. Nessa situação, o trabalho da alma é, segundo São João da Cruz, o de ter "o pensamento fixo amorosamente em Deus, sem querer sentir ou compreender coisas particulares dele" (*Ditos de luz e amor*, 87).

Quem estima o nada todo, e do tudo, nada, tem a honra da visão da face amadíssima.

Angelo Silesio, *Peregrino Querubínico*

É justamente esse estar com o pensamento e o coração diante dele que cria uma atitude contínua de consciência e de amorosidade em sua presença. Então, de acordo com o místico carmelita, tal experiência é possível por meio da fé, porque ela permite à alma experimentar, de maneira oculta e amorosa, o conhecimento de Deus e a união com ele, assim como a luz da glória serve na outra vida como meio para a clara visão de Deus (cf. *Subida do Monte Carmelo*, II, 24,4).

Contemplação e consciência de si em alguns autores do século XX

O êxito fundamental da experiência contemplativa é, acima de tudo, o da unidade interior. Cada um de nós, de fato, experimenta dolorosamente o fato de ser dividido, separado em si mesmo em uma série de compartimentos estanques, que comumente não se comunicam entre si.

Diversos autores espirituais do século XX propõem, portanto, a contemplação como principal caminho para resolver essa falta interior e se tornar uno diante de Deus, na totalidade do próprio ser, para viver em amorosa consciência de sua presença misericordiosa na nossa vida. Entre esses, nos concentramos em particular em dois escritores, os quais codificaram, em suas publicações e ensinamentos práticos, tal caminho de consciência cristã: Thomas Merton e Anthony de Mello.

É assim que, durante a oração de contemplação de Cristo, Deus te dá inumeráveis olhos de querubim para que "resplandeça no teu coração o conhecimento da glória de Deus". Então o teu coração se encontra inflamado de tal modo pelo fogo divino que te tornas incapaz, naquelas horas benditas, de fazer outra coisa que não seja glorificar a Deus sem interrupção.

Matta el Meskin

Sem dúvida, *Thomas Merton* (1915-1968) representa um dos autores mais importantes da literatura católica e monástica do século passado: escritos como *A montanha dos sete patamares* e *Sementes de contemplação* entraram por direito próprio na lista das obras espirituais mais lidas, traduzidas em muitas línguas e com um número elevado de edições. Os contatos que Merton teve com o mundo oriental e a filosofia zen, de qualquer modo, influíram no seu modo de conceber a meditação e a oração contemplativa, que já inspirava as fontes mais genuínas da espiritualidade católica ocidental: sobretudo nos escritos da última parte de sua vida, Merton aprofunda o debate entre a mística católica e a tradição oriental *zen*. Evidentemente, nessa relação, o autor muitas vezes chega a levar em consideração elementos que releem a ideia da consciência *mindfulness* em chave cristã. Em um livro seu, publicado com o título *A experiência interior*, Thomas Merton aborda a questão do eu interior e da relação com a consciência de Deus.

Se você está empenhado em se tornar um contemplativo, provavelmente perde seu tempo e tem um prejuízo considerável lendo este livro. Mas se em algum grau já é um contemplativo (que saiba ou não, não muda muita coisa), talvez não só lerá o livro com uma certa consciência de que faz isso para si mesmo, mas pode também se dar conta de dever lê-lo, independentemente do fato de que isso faz parte dos seus projetos ou não.

Thomas Merton, *A experiência interior*

Enquanto a consciência do próprio eu interior pode ser simplesmente fruto de uma purificação psicológica, por outro lado, a consciência de Deus é bem diferente: é uma participação sobrenatural na luz com a qual ele revela a si mesmo como aquele que habita no nosso eu mais profundo. É bem diferente experimentar o próprio eu interior (típico da experiência *zen*) e a consciência de que Deus revelou a si mesmo para nós na parte mais profunda de nós mesmos (característica da experiência mística cristã). Portanto, a contemplação é uma compreensão – através da experiência – de Deus, que é presente dentro do nosso eu interior, isto é, naquela parte de nós mesmos que autores como Giovanni Taulero ou Mestre Eckhart denominam "o fundo ou o ápice da alma".

Segundo Merton, a experiência contemplativa da percepção de Deus aqui e agora é fundamental; mas ao mesmo tempo requer uma progressiva liberação dos clamores interiores e das paixões desordenadas.[3] Não se pode entrar no santuário interior do próprio ser se ainda se estiver ligado à autogratificação, à satisfação dos sentidos, à busca ansiosa da própria autoestima, à busca do prazer ou da comodidade, ou, pior, se se estiver propenso à cólera, ao orgulho, à vaidade, à cobiça e a tudo aquilo que nos torna escravos das paixões negativas. Eis então a necessidade de um despertar interior que, de acordo com Merton, tem o papel de nos fazer encontrar novamente em nós mesmos a imagem de Deus, que na maior parte do tempo da nossa vida fica escondida. Isto é, afinal, o que Jesus nos pede no Evangelho: acordar do sono, voltar do exílio e encontrar nosso verdadeiro eu dentro de nós mesmos, naquele santuário interior que é seu templo e seu céu, e (ao fim da viagem de retorno à casa do filho pródigo) a casa do Pai (MERTON, 2007).

O amor não habita só na mente ou no coração, é algo mais do pensamento e do desejo. O amor é ação, e somente no ato de amor alcançamos a intuição contemplativa da sabedoria amorosa.

Thomas Merton

---

[3] É aqui que podemos vislumbrar as potencialidades da *mindfulness* no preparo do nosso ser – de alma e de corpo – à oração contemplativa.

Se Thomas Merton é o teórico da doutrina da consciência de si diante de Deus, *Anthony de Mello* (1931-1987), jesuíta indiano, é, no entanto, aquele que descreve a possibilidade concreta de experimentar tal despertar. Através de suas publicações, e principalmente por meio dos inúmeros cursos de exercícios espirituais guiados por ele, efetuou uma combinação entre a espiritualidade jesuítica – codificada, sobretudo, pelos exercícios inacianos – e a experiência contemplativa oriental. Tal combinação, para dizer a verdade, levou o autor a expressões e opiniões teologicamente discutíveis que lhe valeram, em 1998, uma notificação da Congregação da Doutrina da Fé. Mas isso não invalida sua reinterpretação dos exercícios inacianos, reavaliando termos como consciência, despertar e *mindfulness*. Pensemos em considerar o ensinamento de Mello para entender como o autor utilizou a *mindfulness* na prática dos exercícios contemplativos que ele propunha aos participantes de seus exercícios espirituais. Primeiramente, Mello fala explicitamente de *mindfulness* como uma prática que tem papel importante para preparar-se para a experiência contemplativa: o jesuíta indiano tinha bem claro o fato de que a prática da consciência não é a oração contemplativa, mas ao mesmo tempo é uma ótima preparação para ela.

Limitem-se a observar tudo o que surge às suas consciências, não importa se é banal ou ordinário. O que observam pode consistir somente no fato de que as suas mãos estão suadas, ou que têm urgência de mudar de posição, ou que estão preocupados com a saúde de vocês. Não importa. O mais importante é que vocês, pessoalmente, se tornem conscientes disso.

Anthony de Mello, *Sadhana*

Em um de seus livros mais famosos, intitulado *Sadhana: um caminho para Deus*, o autor propõe uma série de exercícios que têm como núcleo de interesse justamente a consciência de si como modalidade para experimentar o acesso à contemplação de Deus. Estarmos consciente do próprio corpo, das sensações e das emoções que fluem disso, e das quais nos tornamos pouco a pouco mais conscientes, tem um grande valor: o resultado é criar em quem ora uma atitude pela qual se passa de uma oração cerebral e racional à outra oração baseada no coração, e por isso mesmo mais saborosa, alegre e profícua. O princípio de fundo da prática proposta por Mello é que a oração é como uma mancha de óleo, que se expande até penetrar em todos os ambientes da nossa vida e em todas as esferas do ser humano: corpórea, emotiva, intelectual, social etc. Tudo, enfim, deve ser envolvido na nossa pessoal e cotidiana busca de Deus (cf. CASTRO FERRER, 1988, p. 71). Assim, o corpo não pode estar excluído na oração. Seria um tanto perigoso separar o corpo do espírito, negligenciando um dos dois elementos: correr-se-ia o risco de se iludir e criar uma perigosa dicotomia. A partir da oração, conforme a mais genuína tradição inaciana, não se exclui nem mesmo a imaginação e a fantasia: essas faculdades têm um poder realmente grande na nossa vida. Por tal motivo, em vez de utilizá-las como fonte de distração ou de afastamento da realidade, por que não utilizá-las justamente para estarmos mais presentes na relação com Deus? Diversos exercícios que se encontram no mencionado livro *Sadhana* têm como objetivo justamente utilizar a potência da fantasia, buscando recriar situações mais reais e verossímeis possíveis no nosso espaço contemplativo. O resultado é verdadeiramente interessante: quem usa a imaginação e a fantasia para orar, na realidade, purifica os estados mais profundos do próprio ser e, em vez de fugir da realidade, a vive de maneira mais autêntica. Recorrer à imaginação dá frutos positivos, na medida em que a descida às profundidades de si mesmo ajuda a encontrar a Deus, que, com seu amor, nos pede continuamente para viver nossa cotidianidade assim como é, sem perigosas fugas em situações improváveis e imaginárias (cf. CASTRO FERRER, 1998, p. 71).

A prática da consciência corpórea assume, então, segundo Mello, bem mais que um significado meramente psicológico (ainda que, evidentemente, ela tenha efeitos benéficos na psique e no próprio corpo): estarmos conscientes de que o ar que entra e sai das nossas narinas, por exemplo, torna-se um modo de experimentar a presença e a potência de Deus.

Mesmo a posição corpórea ou o lugar que escolhemos para orar nos dá a possibilidade de experimentar, através da consciência de si, a presença amorosa de Deus na nossa vida. É claro que essas práticas e exercícios não têm como finalidade imediata provocar uma experiência espiritual autêntica; esta é sempre uma graça de Deus que se comunica a quem, como e quando quiser. Todavia, Mello tem consciência de que Deus está próximo a todo homem que o procura, e que essa proximidade se manifesta através de uma experiência que o próprio Deus nos permite fazer quando estamos realmente dispostos a recebê-la.

Tornem-se conscientes o mais vivamente possível do ar que respiram... dos sons ao redor de vocês... das suas sensações corpóreas... Sintam Deus no ar, nos sons, nas sensações... Repousem nesse mundo total dos sentidos. Repousem em

161

Deus. Rendam-se a esse mundo total dos sentidos (sons, sensações táteis, cores)... Rendam-se a Deus...

Anthony de Mello, *Sadhana*

Enfim, a prática da consciência de si na oração deveria levar, segundo Anthony de Mello, a um grande fruto espiritual: a aceitação de nós mesmos. Para chegar à comunhão com Deus e com os outros, para começar realmente a transformar a própria existência, é necessário partir desse ponto fundamental.

Muitos exercícios de oração que o jesuíta propunha tinham como objetivo essencialmente isso: aceitar a nós mesmos significa dar-se conta dos dons e das riquezas que estão presentes em nós e que o próprio Deus deu a cada um. Este era, por exemplo, o significado do exercício de oração no qual Mello convidava os praticantes dos seus retiros a imaginar Jesus presente ao seu lado, expressar gratidão por cada um dos nossos membros, enquanto ele preenche de amor todo o corpo... Portanto, a proposta de Anthony de Mello se funda no ensinamento dos místicos cristãos e na sua formação inaciana, mas é reinterpretada de maneira original; a consciência de si é, então, segundo ele, o meio mais apropriado, o primeiro degrau em direção à autêntica experiência com Deus que toque o homem em sua totalidade.

5

Experiências de *mindfulness* e oração

Por Emiliano Lambiase, Roberto Fusco e Andrea Marino

Neste capítulo veremos algumas práticas de *mindfulness*, de *mindfulness* compassiva, de *mindfulness* aplicada à oração e de oração contemplativa, com o objetivo de dar ao leitor uma prova concreta de tudo o que falamos no decorrer do livro.

A *mindfulness*, assim como a oração, não são simples práticas que se aprendem e trazem resultado somente as repetindo, mas se integram dentro de um estilo de vida que as dê sentido, possivelmente praticadas junto a outras pessoas para compartilhar a experiência, com a ajuda de alguém que guie – ao menos inicialmente – nesse percurso. Assim, mesmo as práticas a seguir *não funcionarão* simplesmente as pondo em prática, mas se vividas com a consciência de tudo o que foi lido até aqui.

1. Práticas de *mindfulness*

Nos parágrafos seguintes veremos, em sequência, primeiro uma prática de *mindfulness* e, depois, uma proposta de utilização da mesma prática como forma de oração.

Body scan

Nossos pensamentos e nossas emoções são estreitamente ligados ao corpo; poderíamos dizer que são encarnados.

A possibilidade de viver as sensações do corpo e em relação ao corpo sem seguir automaticamente os filtros interpretativos da mente permite uma relação mais saudável com o corpo. Além disso, permite-nos entrar em uma relação diferente com nossos pensamentos e nossas emoções: olhá-los por aquilo que são, pensamentos e emoções, e não a realidade; acolhê-los e aceitá-los com gentileza enquanto procuramos, de algum modo, colocá-los em segundo plano. E ainda, às vezes, para se familiarizar com certas emoções particularmente complicadas para nós, é muito útil começar a vivê-las a partir de suas expressões corporais, justamente para separar a sensação nua e crua da etiqueta mental com que as associamos.

O *body scan* consiste em realizar uma rotação sistemática da atenção sobre as várias partes do corpo, com o objetivo de "sentir" autenticamente cada parte, fixando-se em cada uma, permanecendo na escuta das sensações que emergem (sem pensá-las, julgá-las ou avaliá-las), caso existam ou não.

Podemos desenvolver esse exercício sentados ou também deitados. O importante é escolher uma posição e uma acomodação que nos permitam praticar o exercício até o fim, que não sejam incômodas nem excessivamente cômodas, como uma poltrona ou uma cama.

Escolhamos um lugar tranquilo e acolhedor.

Se conseguirmos, fechemos os olhos e iniciemos...

Os primeiros instantes os reservamos para nos conectarmos com o momento presente e com nós mesmos, através do foco na respiração. Observemo-la sem procurar modificá-la. Notemos seu ritmo, simplesmente, percebendo como o ar se movimenta dentro e fora do corpo. Paremos para sentir as sensações que surgem, inspirando e expirando, e o abdome que sobe e desce.

Em seguida, dirijamos a atenção sobre os pontos de contato do corpo com o chão (ou com a cadeira). Permaneçamos nessa consciência, nada deve acontecer. Observemos as sensações que chegam a nossa consciência.

Depois nos concentremos no abdome, com os seus movimentos decorrentes da inspiração e da expiração. Procuremos ficar sob essas sensações por alguns minutos.

A seguir, desloquemos o foco da atenção em direção à perna direita e desçamos lentamente até o pé e os dedos. Escutemos as sensações que nos enviam: formigamentos, pequenas vibrações do contato entre os dedos ou sensação de calor.

Lembremo-nos de que esse exercício, como os outros, tem por objetivo aumentar a atenção e a consciência em relação às sensações que o corpo nos envia, mesmo que não haja nenhuma, conseguindo administrar com gentileza as sensações, as emoções ou os pensamentos negativos que nos distraem, levando regular e repetidamente a mente ao exercício. Não devemos procurar nos relaxar ou desenvolver o exercício perfeitamente.

Mudemos o centro das atenções sobre o que acontece (ou não acontece!) para a planta do pé esquerdo. Imaginemos uma câmera de vídeo que curiosamente analisa o pé, centímetro por centímetro.

Neste momento, procuremos "respirar por dentro" do pé direito. Tentemos sentir o ar que entra no nariz e visualizá-lo descer até abaixo do pé direito. Entra a partir do nariz e chega ao abdome, passa pela perna e toma o pé e os dedos. Repitamos isso com cada parte do corpo.

De modo semelhante, quando em nossa exploração encontrarmos sensações particularmente intensas, quaisquer que sejam, "respiremos por dentro".

E então subamos lentamente pela perna direita: calcanhar, tornozelo, canela, joelho. Concentremo-nos silenciosamente em cada parte do corpo por algum tempo.

Façamos o mesmo tipo de exercício com a outra perna, sempre muito delicada e lentamente.

Prossigamos, então, por todo o corpo, subindo em direção à bacia, coluna, abdome, peito, braços, região por região. Dediquemos alguns minutos para cada área, com gentileza e curiosidade, em busca de sensações.

Durante todo o exercício a mente se distrairá! Sempre com delicadeza, sem agressividade, sem nos culparmos, percebamos aonde foi nossa mente e levemos o "refletor" sobre a parte do corpo onde estávamos antes, e novamente partamos com serenidade. Observemos os pensamentos que acabaram de surgir em nossa consciência, os reconheçamos, acolhamos a presença deles e depois os movamos com gentileza ao segundo plano, voltando a atenção ao exercício. As distrações, portanto, também são tratadas com o mesmo comportamento que temos em relação às sensações que o corpo nos envia: são reconhecidas e acolhidas por aquilo que são, observadas e não interpretadas, avaliadas ou julgadas. Depois são levadas para segundo plano.

Concluamos o *body scan* prestando atenção consciente ao nosso corpo por inteiro e à respiração que entra e sai dele.

Terminado o exercício, sem pressa, permaneçamos ainda por um tempo com as sensações que estamos percebendo, com o estado de ânimo que estamos vivendo. Recolhamos, como se fossem belíssimas flores, as atitudes que cultivamos: a presença mental, a atenção, a escuta aberta e não julgadora, a aceitação de tudo o que se apresenta a nossa atenção, a paciência ao afastar as distrações para segundo plano, a calma ao prosseguir a observação apesar das distrações. Observemos tudo até quando houver vontade, e depois, quando estivermos prontos, abramos os olhos e levemos conosco esse buquê para presentear quem encontrarmos no decorrer do dia.

Body scan e oração

Um modo de desenvolver no sentido espiritual a prática do *body scan* é reconhecer-se, após tê-lo praticado por cerca de quinze minutos de forma tradicional, em alguns trechos bíblicos que dizem respeito ao corpo, repetindo o passo dentro de nós enquanto se continua a perceber as sensações que o corpo nos envia.

Com essa prática, bem como nas seguintes, nas quais sugeriremos experiências similares, não queremos propor ou codificar um novo tipo de oração, mas sim indicar simplesmente um exercício que nos dê a possibilidade de nos apropriarmos intimamente do significado de algumas experiências religiosas, com as quais às vezes nos relacionamos de modo muito racional ou filtrado por nossos preconceitos e nossa visão de mundo.

Por outro lado, também não queremos propor uma porta de acesso a experiências místicas, que são sempre dom de Deus e não podem ser "treinadas" por meio dos exercícios.

Sugerimos, portanto, um exercício que treine nossa humanidade (pensamento, emoções e corpo) a ser mais aberta, integralmente, ao significado de algumas experiências.

Comecemos. Como sempre, toda vez que percebermos que a mente está vagando para longe, com gentileza a tragamos ao *aqui* e *agora* do corpo e das sensações que nos envia, retomando a identificação com o trecho bíblico.

Para nos identificar com o trecho bíblico, podemos repeti-lo interna e lentamente algumas vezes, enunciando as palavras na mente. É possível imaginá-las enquanto são escritas em uma folha, uma lousa, sobre o chão, na areia ou em lugares que nos ajudem a visualizá-las. Ou, ainda, representá-las como uma história, reconhecendo-nos no seu conteúdo, visualizando a situação que é descrita, buscando percebê-la com todos os nossos sentidos e vivendo-a no nosso corpo.

Aqui estão somente alguns exemplos de trechos que poderíamos utilizar para o aprofundamento espiritual do *body scan*:

- "Assim como colocaram os vossos membros a serviço da impureza e da iniquidade, de tal forma coloquem agora os vossos membros a serviço da justiça para a vossa santificação" (1Cor 6,19).

- "Rogo-vos, pois, irmãos, pela misericórdia de Deus, a oferecer os vossos corpos como sacrifício vivo, santo e agradável a Deus" (Rm 12,1).

- "O Deus da paz vos santifique até a perfeição, e tudo aquilo que é vosso, espírito, alma e corpo, se conserve irrepreensível para a vinda do nosso Senhor Jesus Cristo" (1Ts 5,23).

- "Uma vez que, como em um só corpo, temos muitos membros e esses membros não possuem todos a mesma função, assim também somos nós, que mesmo sendo muitos, somos um só corpo em Cristo, e individualmente somos membros uns dos outros" (Rm 12,4-5).

- "Louvo-te porque me fez como um prodígio; maravilhosas são as tuas obras, tu me conheces profundamente" (Sl 139,14).

Inicialmente, praticar o *body scan* ajuda a entrar em um estado contemplativo que, sucessivamente, nos permite acessar o conteúdo profundo e o significado do trecho bíblico. Meditar o trecho bíblico, graças à presença simultânea do *body scan*, ajuda a ter uma experiência física e emotiva, e não só conceitual. Desse modo, não só teríamos a possibilidade de compreender as reviravoltas mais íntimas, mas estaríamos capacitados a interiorizá-las e recordá-las em sua maior parte, levando-as conosco junto à experiência do nosso corpo, que não nos abandona nunca. Nosso corpo, repetindo essa experiência, torna-se um lembrete do trecho sobre o qual meditamos.

Meditação sobre a respiração

Escolhamos uma posição cômoda, deitados sobre as costas ou sentados. Se estivermos sentados, mantenhamos a coluna vertebral ereta e relaxemos os ombros. Mantenhamos uma posição digna, sem apoiar as costas. Se conseguirmos, fechemos os olhos.

Levemos a atenção à respiração e aos seus efeitos sobre o nariz e a barriga, sentindo como essa última se expande com a inspiração e se esvazia com a expiração.

Permaneçamos focados na respiração, em cada inspiração e expiração por toda sua duração. Sintamos o som, as sensações e os movimentos. Notemos tudo com curiosidade, sem procurar algo em particular, observando tudo sem interpretar, julgar ou reter nada. Acolhamos tudo, mesmo as distrações, mas escolhamos voltar a atenção, com gentileza, ao presente.

A mente se afastou da respiração? Observemos o que a distraiu: um pensamento? Uma coceira? A programação do dia seguinte? Não combatamos essas distrações! Delicadamente, tragamos a atenção à barriga e à sensação da respiração que entra e sai. Com doçura, lentamente, voltemos a nós mesmos. No *aqui* e *agora*. Não no futuro nem no passado.

Se nossa atenção se afasta da respiração mil vezes, a tragamos à respiração todas as vezes, qualquer que seja a natureza da preocupação.

A essência da *mindfulness* é a simplicidade. Simplicidade significa deixar ir a autoanálise.

Quando desistirmos, recomecemos do zero.

Seria importante fazer esse pequeno exercício ao menos uma vez ao dia. Em um ambiente relaxado, sem barulhos e sem muita luz. Em um horário em que estejamos confortáveis. Sem pressa.

Meditação sobre a respiração e a oração

Para um religioso, respirar é invocar a vida; respirar é o dom que Deus dá ao homem a todo instante da criação. Assim começou a viver o primeiro homem, e desse modo cada um de nós começa a viver assim que sai do ventre materno. Para todo homem, viver significa colher e conservar em si essa respiração divina, física e espiritualmente.

Estudando-se a história da Igreja e da oração, como já era vivida pelos primeiros monges do Oriente e como é vivida ainda hoje em muitas comunidades religiosas, percebe-se que a questão da respiração é considerada fundamental.

Santo Antônio Abade costumava saudar seus companheiros no deserto dizendo-lhes: "Respirem Cristo!". Os primeiros monges inventaram uma fórmula de oração brevíssima: "Senhor Jesus, tem piedade de mim, pecador", e a fórmula, mil vezes repetida, devia acompanhar o ritmo da respiração. Santo Inácio ensinava em seus *Exercícios*: "É preciso fechar os olhos para ver Jesus no próprio coração e murmurar as palavras do *Pater*, à medida da própria respiração". Nos Salmos se encontra, na metade nos versículos, um asterisco que adverte: "Aqui se deve respirar", e aquela respiração faz parte da oração.

Mas não se trata só de indicações "técnicas". Na Bíblia, o discurso sobre a respiração do homem é, com frequência, estreitamente ligado ao discurso sobre o Espírito Santo.

Como no *body scan*, e com as mesmas orientações, podemos desenvolver no sentido espiritual também a meditação sobre a respiração.

Após ter praticado por cerca de quinze minutos a meditação sobre a respiração de modo tradicional, podemos nos concentrar em alguns trechos bíblicos que se referem à respiração, repetindo-os em nosso íntimo enquanto continuamos a perceber as sensações e os movimentos da respiração.

Como sempre, toda vez que percebemos que a mente vagueia para outro lugar, com gentileza a tragamos para o *aqui e agora* da respiração, retomando a concentração no trecho bíblico.

Para meditar o trecho bíblico, como no *body scan*, podemos repeti-lo interna e lentamente algumas vezes, enunciando na mente as palavras ou imaginando-as escritas. Ou podemos visualizá-las como uma história, representando-nos na situação que é descrita, buscando percebê-la com todos os nossos sentidos e vivendo-a no nosso corpo.

Eis alguns exemplos de trechos para utilizar nesse aprofundamento espiritual da meditação sobre a respiração:

- "Então o Senhor Deus formou o homem do pó da terra e soprou em seu nariz o fôlego da vida, e o homem se tornou um ser vivente" (Gn 2,7).

- "E havendo dito isso, assoprou sobre eles e disse: 'Recebam o Espírito Santo'" (Jo 20,22).

- "Se ele recolhesse para si seu espírito e seu fôlego, toda carne morreria no mesmo instante e o homem voltaria ao pó" (Jó 34,14-15).

- "O espírito de Deus me criou e o sopro do Onipotente me dá vida" (Jó 33,4).

- "O espírito do homem é uma lâmpada do Senhor, que revolve todos os profundos segredos do coração" (Pr 20,27).

- "O vento sopra onde quer e ouves sua voz, mas não sabes de onde vem e aonde vai: assim é todo aquele que nasceu do Espírito" (Jo 3,8).

- "Inspirou-lhe uma alma ativa e lhe infundiu um espírito vital" (Sb 15,11).

Assim como no *body scan*, também a contemplação, através da experiência da meditação sobre a respiração, pode ajudar na compreensão, na internalização e na memorização do trecho meditado.

Meditação caminhada

Para praticar esse tipo de meditação é necessário um ambiente suficientemente amplo para poder caminhar. E, como sempre, que seja um lugar tranquilo.

Iniciemos em pé, com pernas, coluna e cabeça endireitadas. A dignidade é sempre a atitude de base para conduzir a *mindfulness*.

Os pés estão paralelos e alinhados com os quadris. Os braços para baixo, junto ao corpo. Os joelhos levemente flexionados.

Os olhos, nesse caso, estão abertos mesmo que, por condições de segurança e privacidade suficientes, possam estar fechados.

Como nos outros exercícios, comecemos pela atenção à respiração. Por alguns minutos nos atenhamos ao presente, focando a atenção na respiração e nas consequentes sensações.

Em seguida, transfiramos todo o peso sobre a perna direita e, assim, aliviamos a esquerda, levantando o calcanhar do pé esquerdo e, lentamente, o restante do pé. Levemo-lo à frente e o apoiemos novamente ao chão.

Agora, gentilmente, façamos o mesmo com a outra perna.

E então comecemos a caminhar, lentamente.

Enquanto caminhamos, levemos a atenção sobre as sensações que chegam das plantas dos pés.

Quanto mais o ritmo estiver lento, mais conseguiremos perceber essas sensações.

Com bastante lentidão, continuemos até que atinjamos o fim do ambiente em que nos encontramos.

Nesse ponto, giremos sobre nós mesmos, procuremos notar todas as sensações decorrentes dessa rotação e recomecemos a caminhar.

Como sempre, a atenção irá para outros lugares. Tragamo-la às plantas dos pés e prossigamos em nossa caminhada consciente.

Sintamos o contato com o solo, sintamos os pés que tocam o chão. Consideremos cada passo individualmente, como se fosse algo único e irrepetível.

O ideal seria estar nessa condição de consciência por ao menos 15 minutos.

Uma pequena mudança pode ser a de fixar-se, antes de cada rotação, e permanecer simplesmente contemplando a respiração por alguns segundos.

Sobretudo no início, convém caminharmos somente pelo prazer de fazê-lo dessa maneira "nova", sem dirigir-nos para algum lugar específico. Quando tivermos completado esse exercício, permaneçamos parados, em pé, e escutemos as sensações que o corpo e a respiração nos enviam.

Meditação caminhada e oração

Como último exemplo, podemos nos concentrar na meditação caminhada, usando-a para contemplar a peregrinação desenvolvida por Jesus no curso de sua vida e, depois, por todos os apóstolos enviados à anunciação do Evangelho. Passo a passo, além de fazer uma peregrinação interior, pisaram a terra para alcançar metas físicas e espirituais. Depois deles, tantos outros desenvolveram peregrinações que se tornaram famosas e que ainda hoje são repetidas pelos fiéis.

Nós mesmos, hoje, podemos usar a meditação caminhada como porta de acesso para contemplar também fisicamente esses mistérios e essas experiências, identificando-nos, por exemplo, com um desses trechos do Evangelho, com os mesmos procedimentos indicados pelo *body scan* e pela meditação sobre a respiração.

Aqui estão somente alguns exemplos:

- "Jesus percorria todas as cidades e aldeias, ensinando em suas sinagogas, pregando o Evangelho do reino e curando todas as moléstias e enfermidades" (Mt 9,35).

- "Próximo ao fim da noite, dirigiu-se a eles, caminhando por cima do mar. Os discípulos, vendo-o caminhar sobre o mar, assustaram-se e disseram: 'É um fantasma', e se puseram a gritar de medo. Mas Jesus logo disse a eles: 'Tende bom ânimo, sou eu, não temais'" (Mt 14,25-27).

- "Portanto, ide e ensinai todas as nações, batizando-as em nome do Pai, e do Filho e do Espírito Santo; ensinando-as a guardar todas as coisas que eu vos tenho mandado. Eis que eu estou convosco todos os dias, até a consumação dos séculos" (Mt 28,16-20).

- "Recebereis a força do Espírito Santo, que descerá sobre vós, e sereis minhas testemunhas em Jerusalém, em toda a Judeia e Samaria, e até nos extremos confins da terra" (At 1,8).

- "E eis que, naquele mesmo dia, dois deles estavam a caminho de uma aldeia que distava cerca de sete milhas de Jerusalém, cujo nome era Emaús, e conversavam sobre tudo o que havia ocorrido. Enquanto falavam e discutiam juntos, o próprio Jesus se aproximou e caminhava com eles" (Lc 24,13-36).

- "Depois disso, o Senhor designou outros setenta e dois discípulos e os enviou, à frente de si, dois a dois, a todas as cidades e lugares onde iria visitar: 'Ide: eis que vos mando como cordeiros em meio aos lobos; não leveis bolsa, nem sacolas, nem sandálias, e ninguém saúdem pelo caminho. Em qualquer casa que entrardes, dizei primeiro: Paz seja nesta casa. Se ali houver algum filho da paz, a vossa paz repousará sobre ele; se não, retornará a vós. Ficai na mesma casa, comendo e bebendo do que tiverem, porque o obreiro é digno de seu salário. Não andeis de casa em casa. Quando entrardes em uma cidade e vos acolherem, comei do que vos puserem diante, curai os enfermos que nela houver e dizei-lhes: É chegado a vós o reino de Deus'" (Lc 10,1-9).

2. Práticas de *mindfulness* compassiva

Chegamos, enfim, aos últimos exercícios relacionados à utilização da *mindfulness* para reforçar sentimentos e atitudes de compaixão, em relação a si mesmos ou aos outros.

Podemos dividi-los em duas categorias. A primeira abrange todos os exercícios que refletem as práticas típicas da *mindfulness*, como o *body scan* ou a meditação sobre a respiração, que são elaborados de modo a estimular atitudes de compaixão. A segunda, por outro lado, inclui imaginações sobre a compaixão, que são praticadas conforme o estilo *mindfulness*. Os exercícios da primeira categoria podemos chamar de *mindfulness* compassivo, e os da segunda de compaixão *mindful*.

Respiração compassiva[1]

Encontremos uma posição, sentada e confortável, que nos garanta sustentação e dignidade até que possamos chegar ao final do exercício sem esforços excessivos. Mantenhamos a coluna e a cabeça endireitadas, não rigidamente. Assumamos uma posição digna.

Respiremos profundamente por três vezes e fechemos delicadamente os olhos. Estamos para dar um presente a nós mesmos.

Para intensificar esse momento de doce atenção e gentileza em relação a nós mesmos, aproximemos a mão ao coração ou outra área que nos seja reconfortante.

Neste ponto, como em outros exercícios, levemos a atenção à respiração. Notemos as sensações que nos suscita, o abdome que se infla e o ar que entra e sai. Continuemos por alguns minutos.

---

[1] Readaptação do exercício disponibilizado por Kristine Neff, em: <http://self-compassion.org/category/exercises/#guided-meditations>.

Como sempre, nossa mente começará a divagar. Não nos preocupemos, mas, docemente, sem sentimento de culpa, voltemos a atenção à respiração.

Procuremos ter uma atenção amorosa em relação a nossa respiração e, verdadeiramente, em relação a nós mesmos. Uma atenção semelhante à que se tem por uma criança. Uma atenção, portanto, repleta de ternura.

Neste momento deixemos que nosso corpo inteiro, literalmente, respire. Não devemos fazer nada mais. Esse é nosso momento de ternura em que não há nada a se fazer.

Permaneçamos assim, simplesmente notando como nosso corpo respira automaticamente, sem que precisemos fazer nada. Não nos devemos esforçar nem nos cansarmos. É tudo simples e natural.

O nosso corpo respira, lenta e naturalmente. A subida e a descida da respiração, naturalmente, movem o corpo. Imaginemos acariciar todo o nosso corpo através de cada respiração.

Por fim, concentremo-nos exclusivamente na respiração. Deixemos ir toda preocupação, pensamento, percepção e preconceito. Entremos na respiração. Tornemo-nos a respiração. Deixemo-nos embalar pelo fluxo da respiração. Desfrutemos desse momento de pausa. Nosso corpo, finalmente, repousa.

Por último, delicada e lentamente, abramos os olhos.

Body scan ou compassiva[2]

Deitemo-nos, em uma posição confortável, com as pernas ligeiramente abertas e os braços junto ao corpo. Coloquemos uma mão sobre o peito, na área próxima ao coração,

---

[2] Ibidem.

de modo a nos lembrarmos de sermos gentis com nós mesmos. Este é o momento no qual finalmente seremos gentis conosco. Agora, docemente, façamos três respirações profundas. Sintamos o calor da mão sobre o peito. Estejamos alguns segundos assim e, depois, lentamente, apoiemos o braço novamente junto ao corpo.

Iniciemos pelos pés e pelas sensações que nos enviam. Prestemos atenção para sentir se estão quentes, frios, enrijecidos, doloridos, e escutemos nossas sensações. Busquemos acolher todas as sensações que venham dos pés, sem julgá-las, mas aceitando-as. Acariciemos mentalmente nossos pés: imaginemos massageá-los delicadamente. Se sentirmos alguma dor, sem nos irritarmos, façamos uma carícia mental àquela dor, pensando: "Há dor, mas tudo está bem".

Permaneçamos com essas sensações. Quaisquer que sejam. Dor, prazer, formigamentos, tremores, calor, sem procurar mudar nada. Não nos forcemos.

Sejamos gratos pelos nossos pés. Levam-nos por aí todos os dias, desde o nascimento, sustentam-nos desde sempre. Fazemo-los trabalhar arduamente. E estiveram sempre ali a nos garantir seus esforços. Bendizemo-los se sentirmos dor e os agradeçamos se estiverem bem.

Agora, desloquemos nossa atenção para os dedos dos pés, um a um. E, como para os pés, também pelos dedos estejamos repletos de compaixão e gratidão por seus trabalhos diários.

Quando a mente divagar, levemos novamente a atenção sobre as sensações dos pés. Não as julguemos, não as reprovemos. Nesse momento procuremos somente nos amar. Toda vez que divagarmos, agradeçamos as distrações e voltemos às sensações. Sem nos determos muito sobre cada parte específica, busquemos fluir gentilmente a atenção sobre todo o corpo. Esse *body scan* tem o objetivo de nos dar paz, alívio, restauração.

Pois bem, toda essa consciência compassiva que vertemos sobre nossos pés, busquemos fazê-la percorrer todas as partes do nosso corpo, como no *body scan* clássico. Partindo dos pés até a cabeça.

Provavelmente ainda ocorrerá de nos distrairmos. Não há problema, voltemos sempre ali, ao nosso corpo e à consciência de suas sensações. E, mais uma vez, nos empenhemos em ser delicados e gentis com nós mesmos. Imaginemos fazer--nos carícias. Como nos pés, cada parte do corpo desenvolve desde sempre um trabalho duro por nós. Agradeçamos cada parte sobre as quais dirigirmos a atenção pelo trabalho que faz por nós.

Após prestar atenção em todo nosso corpo, chegamos ao agradecimento final. Coloquemos novamente uma mão sobre o coração e agradeçamos todo o corpo. Sejamos gentis com ele. Dirige-nos na vida há bastante tempo. Respiremos em todo o corpo, com todo o corpo. Sintamos o corpo que respira. Demo-nos um abraço imaginário de amor em todo o corpo. Gentilmente, reabramos os olhos.

Pausa compassiva[3]

Pensemos em uma situação difícil da vida que nos causa estresse. Tragamos a situação à mente e procuremos sentir no corpo o estresse e o sofrimento emotivo que nos causa.

Lembremos a nós mesmos que é um "momento" de sofrimento, que é um "momento" de estresse. Observemo-lo com gentil consciência, acolhendo e não julgando o que observamos (componente da atenção *mindful*).

---

[3]   Ibidem.

Recordemo-nos de que o sofrimento faz parte da vida, que é um elemento comum a todos os seres humanos (componente da consciência de humanidade compartilhada).

Neste momento, coloquemos as mãos sobre o coração, sintamos o calor das mãos e os seus toques gentis sobre o peito. Digamos a nós mesmos: "Que eu possa me dar a compaixão de que preciso, que eu possa aceitar a mim mesmo como sou, que eu possa me perdoar, que eu possa ser forte, que eu possa ser paciente" (componente da autocompaixão).

Carta autocompassiva[4]

Foque nas imperfeições que o fazem sentir-se inadequado

Cada um tem partes de si que não lhe agradam. Às vezes isso causa vergonha, insegurança ou um sentimento de incompletude. Faz parte da condição humana ser imperfeito. Procure escrever algo sobre um problema que tem e em relação ao qual experimente inadequação. Quais emoções emergem quando pensa nesse aspecto de si? Procure sentir suas emoções por aquilo que são, pelo modo como se manifestam, e depois as descreva.

Escreva uma carta a si mesmo pela perspectiva de um amigo imaginário que o ama incondicionalmente

Agora pense em um amigo imaginário que o ama incondicionalmente, o aceita e tem compaixão por você. Imagine que esse amigo possa ver todos seus cansaços e suas fraquezas, incluindo aspectos de si mesmo que você já descreveu. Reflita sobre o que seu amigo sente por você e sobre como é amado e aceito exatamente pelo que é, com todas suas imperfeições muito humanas.

---

[4] Ibidem.

Escreva uma carta pela perspectiva desse amigo imaginário, focando na inadequação que sente e que julga negativamente. O que diria esse seu amigo pela perspectiva de sua compaixão? Como lhe transmitiria esse sentimento, especialmente pela dor que experimenta quando se julga assim negativamente? O que escreveria para lembrá-lo de que você é só um ser humano, e que todas as pessoas têm pontos de força e de fraqueza? E se pensar que esse amigo lhe sugere possíveis mudanças, de que modo essas sugestões incluiriam sentimentos de compreensão e compaixão?

Sinta a compaixão que conforta e alivia sua dor

Após escrever essa carta, coloque-a de lado por algum tempo. Depois volte a lê-la, deixando que as palavras penetrem dentro de você. Sinta a compaixão que se espalha no seu interior e o conforta como uma brisa fresca em um dia quente. Faça seu o amor de seu amigo, o sentimento de comunhão com ele e a aceitação que demonstra em seus diálogos. Lembre-se de que, para torná-los vivos e presentes em você, deve procurá-los somente no seu íntimo.

As qualidades da compaixão[5]

O objetivo desta prática é procurar internalizar, imaginar dentro de nós a presença das qualidades essenciais da compaixão que queremos nutrir, cultivar e desenvolver.

Agora consideremos todas as qualidades-chave que caracterizam uma pessoa compassiva. Contemplemo-las e nos concentremos em cada uma delas.

---

[5] Ibidem.

Algumas qualidades fundamentais da pessoa compassiva são:

- A consciência de que todos compartilham o pertencimento à mesma condição e natureza humanas, que nos encontramos todos aqui, nesta vida, com um cérebro que não desenhamos e com as primeiras experiências de vida que nos moldaram, mas que não fomos nós que escolhemos. E estamos todos buscando encontrar a felicidade e evitar o sofrimento.

- A consciência equilibrada do fato de que temos mentes que, às vezes, se tornam caóticas, repletas de pensamentos e emoções conflituosas; consciência que leva a lidar com pensamentos e sentimentos dolorosos sem nos identificarmos excessivamente com eles.

- A força, no sentido de coragem e de vontade. Foquemo-nos em uma sensação de maturidade e de autoridade interior. Imaginemo-nos em um estado de serena segurança em nós mesmos e com um sentimento de tranquila autoridade.

- Grande calor e gentileza, em vez de um áspero juízo crítico em relação a nós mesmos ou aos outros.

- O desejo de ajudar aos outros e de mudar a nós mesmos, porque compartilhamos todos da mesma experiência humana e pertencemos todos à mesma família humana.

Pode ser muito útil imaginar que você está se expandindo, como se sua sabedoria o tornasse maior de forma madura e compassiva. Pode também imaginar a si mesmo como mais velho.

Neste momento, busque praticar e focar em cada uma dessas qualidades, imaginando possuí-las e prestando atenção em como se sentiria e quais efeitos poderiam ter também sobre seu corpo.

Assim, a prática é a seguinte:

- Encontre um lugar onde possa sentar-se tranquilamente e sem ser incomodado, e foque no ritmo respiratório. Perceba o comportamento e, a cada expiração, esvazie o corpo das tensões, lentamente. Quando se der conta de que seu corpo "desacelerou" e estiver pronto para iniciar a prática, comece a imaginar ser uma pessoa muito compassiva.

- Pense em todas as qualidades que, em termos ideais, teria caso fosse uma pessoa compassiva. Observe, uma a uma, lentamente.

- Foque no seu desejo de se tornar uma pessoa compassiva que pensa, age e experimenta emoções com compaixão. Em seguida, imagine que você mesmo possui algumas das qualidades indicadas anteriormente. Fixe-se em cada qualidade separadamente, procurando concentrar-se em como agiria, pensaria e se sentiria fisicamente se tivesse essas qualidades. Para fazê-lo, procure se ajudar, identificando-se com uma cena ou com uma pessoa que lhe pareça expressar bem essas qualidades, concentrando-se em contemplá-la, imaginando-se como se fosse como aquela pessoa ou vivendo aquela cena. Procure ser o mais específico possível nos detalhes dessa prática.

- Procure criar uma expressão facial de compaixão: poderia ser um leve sorriso ou uma expressão diferente que possa funcionar bem para você.

- Imagine que se está expandindo, como se estivesse se tornando mais maduro, mais sábio e mais seguro de si.
- Preste atenção ao que acontece no seu corpo enquanto se revela essa parte de si.
- Dedique alguns minutos para perceber a expansão e o calor de seu corpo.
- Dedique um minuto ou mais para pensar no seu tom de voz e no tipo de coisas que diria, faria ou gostaria de fazer como uma pessoa compassiva;
- Dedique um minuto ou mais para experimentar o prazer de ser gentil e de incorporar qualidades compassivas.

Lembre-se de que não é importante considerar se tem realmente essas qualidades ou não, simplesmente imagine possuí-las. Visualize uma imagem de si com essas qualidades e trabalhe sobre cada uma delas gradualmente, de forma leve, divertida, concedendo-se todo o tempo de que necessita.

Procure prestar atenção em como cada uma dessas qualidades produz um efeito diferente sobre seu corpo. Lembre-se de que você pode perceber ao menos um traço dessas qualidades, pois sua mente começa a vaguear: tem a sensação de não saber concentrar-se profundamente em cada uma delas, ou não está acostumado a fazer esse tipo de exercício. É normal que isso ocorra, como em qualquer nova habilidade que buscamos aprender. Melhora-se com a prática regular.

Amigo compassivo[6]

Sente-se em uma posição cômoda, ereta e relaxada. Delicadamente, feche os olhos.

---

[6] Readaptação do exercício proposto por Gilbert (2010).

Respire profundamente algumas vezes, até que seu corpo possa se sentir mais confortável.

Coloque uma ou duas mãos sobre o coração por um momento, para lembrar a si mesmo de dar-se atenção amorosa.

Agora se imagine em um lugar seguro e confortável; pode ser uma sala acolhedora com a lareira acesa, uma praia tranquila com o sol quente e uma brisa fresca, ou uma clareira na floresta. Poderia ser também um lugar fictício de sua imaginação, onde possa sentir-se tranquilo e seguro. Deixe-se aproveitar a sensação de bem-estar desse lugar por algum tempo.

Em breve receberá uma visita, uma presença calorosa e compassiva que incorpora as qualidades da sabedoria, da força e do amor incondicional. Você pode ter sentido uma presença calorosa e compassiva a certo ponto de sua vida. Sendo assim, procure se lembrar daquelas sensações.

Essa presença pode ser também uma figura espiritual ou uma pessoa compassiva do seu presente ou do seu passado, ou pode não ter alguma forma em particular. Essa presença o ama e gostaria que você fosse feliz, e lhe agradaria fazer-lhe uma visita por algum tempo. Dedique um instante para imaginar essa presença o mais detalhadamente possível, e sobretudo como você se sente em sua presença.

Seu amigo está para chegar; convide-o para entrar e coloque-se a uma distância apropriada dele, e que de alguma forma esteja bem para você. Se for alguém com quem tem intimidade, pode também decidir apoiar a cabeça sobre seu ombro. Guarde esse seu amigo na mente e no coração, e desfrute de sua companhia.

Não há nada de especial que deva fazer senão saborear esse momento pelo tempo que sentir necessário.

Agora leve à mente alguma dificuldade que esteja enfrentando em sua vida.

Seu amigo compassivo veio para dizer-lhe algo, algo que necessita sentir em sua vida agora mesmo.

Escute atentamente o que ele está para lhe dizer. Se não diz nada, tudo bem também, simplesmente compartilhe sua companhia. É uma bênção em si.

Simplesmente esteja com seu amigo e escute se há algo que deva escutar. Escute até o fim, até que sinta necessidade.

Talvez você também queira dizer algo a seu amigo compassivo. Seu amigo escuta profundamente e o compreende completamente. Há algo que queira dividir com ele? Reserve tempo para compartilhar com ele aquilo que deseja.

Logo seu amigo irá embora, mas, antes que isso aconteça, quer lhe dar algo, um objeto material.

Ponha suas mãos sob as dele, e seu amigo deixa um objeto em suas mãos, algo que tem um significado especial para você. Espere e veja o que acontece. O que é? Observe atentamente.

Agora agradeça seu amigo, aproveite sua boa companhia ainda por alguns momentos e depois se despeça.

Saboreie o que acabou de acontecer, aprecie as palavras que trocaram. Ouça-as novamente em sua mente, ouça a voz do seu amigo dentro de si, ouça as emoções que lhe deixou, perceba as sensações físicas dessas emoções.

Lembre-se de que seu amigo compassivo está sempre com você. Assim, é possível chamá-lo em qualquer momento que deseje. Está disponível com palavras de sabedoria e compaixão toda vez que tiver necessidade.

Quando estiver pronto, abra os olhos lentamente.

3. *Mindfulness* e a oração

Chegamos, enfim, à apresentação de algumas experiências de oração contemplativa similares à *mindfulness* na forma. Antes de adentrarmos nessas experiências, consideramos importante fazer uma observação preliminar. A oração e os atos todos podem ser vividos de modo *mindful*, isto é, com presença, consciência e aceitação. Todo terço, oração e ato do dia seja feito por nós mesmos, ou pelos outros. Todo ato de obediência, caridade, liberdade, misericórdia, se vivido com consciência, adquire um valor que preenche e reaviva humana e espiritualmente. No entanto, se vivido de modo automático, há o risco de se tornar uma prisão da qual não vemos a hora de fugir. De quantas liturgias queríamos fugir? Quantos terços, *via crucis* ou procissões de qualquer tipo suportamos mal? Quantas ações completamos nos sentindo obrigados injustamente? Em quantas adorações eucarísticas passamos a olhar o relógio ou a preencher o vazio com discursos mentais em vez de contemplar Jesus Eucaristia? Ser *mindful* quer dizer aceitar e viver essas experiências, estarmos conscientes do valor que dão a nós, aceitar sem julgar nossas emoções e nossos pensamentos e decidir que lugar dar a eles em função dos nossos valores; empenharmo-nos, portanto, em viver com presença consciente essas experiências em função de tais valores.

Além dessa forma de viver, numa perspectiva cristã *mindful*, há ainda verdadeiras práticas dentro das quais pode ser vivida essa forma de oração contemplativa.

Vejamos algumas.

Mindfulness e a oração de Jesus[7]

Para este exercício precisamos apenas de uma cadeira e de uma imagem suficientemente grande e definida do rosto de Jesus. Pode ser aquela que nos inspira mais ou nos ajuda em grande parte a entrar em um clima de confissão com ele. Pode ser icônica, ou uma imagem do Sagrado Coração, ou de Jesus misericordioso, ou da Santa Face. O importante é que ela nos transmita algo e que nos inspire sentimentos de confiança nele. Peguemos um banco ou uma cadeira confortável, mas não muito alta. Sentemo-nos procurando nos colocar em uma posição relaxada e atenta. Iniciemos tomando consciência da nossa respiração, assim como é; sem procurar controlá-la. Busquemos simplesmente escutá-la. Como o ar entra nas narinas, na garganta, nos pulmões.

Pouco a pouco, tomemos consciência das sensações corpóreas que atuam dentro de nós; fixemo-nos brevemente sobre elas para procurar dar nome ao que estamos sentindo, simplesmente porque estamos sentindo. Após alguns minutos, tentemos nos conscientizar do que age em nossa interioridade: tensões, preocupações, medos e temores, tudo aquilo que não nos deixa tranquilos, desejos, projetos, aspirações, tudo o que temos internamente. Busquemos observar também a eventual carga emotiva que esses pensamentos ou lembranças têm para nós: simplesmente porque a possuem, mas sem expressar julgamentos ou procurar rejeitá-los.

Após alguns minutos, voltemos a escutar nossa respiração, enquanto olhamos a imagem de Jesus que escolhemos. Coloquemo-la sobre nossos joelhos, de modo que nossa

---

[7] Adaptação da prática da oração de Jesus, descrita pelo monge Nicéforo, na *Filocalia*.

cabeça – se possível – possa se curvar levemente para a frente, para poder contemplá-la confortavelmente e com atenção.

Nesse ponto, comecemos a repetir a frase: "Senhor Jesus, Filho de Deus, tende piedade de mim, pecador".

Inspirando, repitamos a primeira parte da frase: "Senhor Jesus, Filho de Deus...".

Expirando, repitamos a segunda parte da frase: "... tende piedade de mim, pecador".

Continuemos sem pressa alguma, simplesmente conscientes do amor de Jesus que nos vê, enquanto repetimos essas palavras com fé e confiança nele. Durante esse exercício de oração inspiremos e expiremos normalmente, sem forçar muito o ar ou o diafragma, fazendo respirações profundas. Simplesmente deixemos que o nome de Jesus penetre em nós e em nossa alma, assim como o oxigênio em nosso corpo.

Nas primeiras vezes, repitamos esse exercício por não mais que quinze minutos. Na sequência, podemos eventualmente prolongar o tempo. Ao final, saímos do nosso exercício de oração gentilmente e com calma, simplesmente agradecendo a Deus e expressando com gratidão nosso reconhecimento a Jesus, que está próximo de nós em cada momento do nosso dia.

Mindfulness e exame de consciência

Este é um exercício que pode ser feito principalmente antes de ir dormir. Não requer muito tempo, mas é muito útil para aprender a perceber a presença de Deus que nos fala durante nosso dia.

Pouco antes de adormecer, coloque-se sentado e em uma posição confortável, mas não na cama! Tente somente perceber, por alguns minutos, como você está e como se sente. Escute as sensações mais imediatas que emergem na sua consciência, seja em nível corpóreo, seja em nível interior. Você está cansado? Está com sono? Há algo que o perturba? Ou está tranquilo?

Tome consciência do que se passou hoje em sua jornada. Partindo das últimas horas, olhe para trás o dia que viveu: as pessoas que encontrou, as coisas que fez, o que fez de bom; considere também aquilo que o fez sofrer ou que não aconteceu conforme seus planos. Os imprevistos, os problemas, os momentos de solidão, de incompreensão. Para cada um deles, elabore uma breve oração de agradecimento a Deus. Pode usar suas palavras, conforme surgirem espontâneas do coração, ou utilizar as palavras do salmo: "Te rendo graças, Senhor, de todo o coração" (Sl 137). Pouco a pouco aprenderá a observar e a reconhecer nesses eventos a mão providencial de Deus. Tente também pensar naqueles momentos ou situações nos quais considera ter sido egoísta, violento, irritado ou julgador nas relações com os outros; experimente então considerar se são revelados momentos em que não soube viver concretamente o mandamento do amor. Com a serena consciência do amor e da paciência de Deus para consigo, peça desculpa.

Conclua esse exercício fazendo lentamente o sinal da cruz, percebendo o toque de sua mão sobre a testa, sobre o coração e sobre os ombros. Torne-se consciente de que aquele toque é o afeto e o amor de Deus por você.

Mindfulness e meditação da Palavra de Deus: o Evangelho da Ressurreição (Mc 16,1-8)

Como sempre, reserve algum de tempo para estar na companhia do Senhor Jesus. Procure um lugar tranquilo e calmo, que possa inspirá-lo. Pode escolher um lugar de sua casa ou, se houver a possibilidade, onde se sinta à vontade:

na igreja, em uma capela para a adoração eucarística ou em um jardim. Sente-se tranquilo, feche os olhos e em primeiro lugar procure escutar seu corpo: as sensações que tem e experimenta, a respiração que entra e sai de suas narinas, de sua garganta, de seu peito; a sensação que experimenta seu corpo ao estar sentado, que sentem sua pele e sua carne em contato com a cadeira sobre a qual está sentado. Tente escutar sua respiração: deve somente escutá-la, sem controlá-la. Assim que se sentir tranquilo, abra os olhos e, sem pressa, pegue o livro dos Evangelhos e leia em voz alta o trecho de Mc 16,1-8. Você deve ter a possibilidade de escutar a própria voz enquanto lê esse trecho. Lentamente e sem pressa alguma. Não tenha medo das eventuais distrações ou dos pensamentos que surgem por conta própria e que não querem deixá-lo em paz; simplesmente tome consciência de que existem, sem julgá-los e julgar-se.

Agora feche os olhos e com a imaginação tente reconstruir a cena descrita no trecho que leu. Procure ser o mais preciso possível e acrescentar mais detalhes que puder. Pode ler as linhas seguidamente, para não precisar interromper a composição do lugar que, com sua imaginação, fará nos minutos consecutivos. Depois retorne ao início sem ler linha por linha.

Está escuro. Você está caminhando em um jardim. Pode sentir seus pés que tocam a terra.

Sinta em seu rosto a brisa fria da noite que já se aproxima do fim. De longe se começa a vislumbrar os primeiros sinais do amanhecer.

Sinta o vento que passa entre os ramos.

Pode sentir o rumor das folhas, dos ramos que se agitam sob a beleza de uma nova manhã que chega. Sinta os versos dos pássaros, o barulho das folhas sob os seus passos e olhe para adiante.

O primeiro clarão do amanhecer ilumina a trilha que está percorrendo. O que você está tentando agora? O que espera encontrar no fim da trilha? Você está surpreso? Assustado? Está à espera de algo ou de alguém? Procure simplesmente sentir as sensações que experimenta.

Os raios de sol começam a aquecer o dia, e o rigor da noite deixa no lugar um ar mais morno e repleto de perfumes das árvores e das ervas silvestres. Pode senti-los?

Você tem objetos nas mãos. São vasinhos, para sermos mais precisos. Contém aromas: são unguentos aromatizados. Pode sentir o perfume deles, penetrante e intenso?

Você está caminhando e pouco a pouco vê diante de si o que há ao final da pequena trilha que está percorrendo. Há uma abertura, escavada sobre a rocha: já se pode entrever a sala esculpida em seu interior.

Estava fechada, mas há uma grande pedra rolada e empurrada para fora da entrada do sepulcro.

Você se aproxima lentamente da abertura do sepulcro. Olha tudo ao redor. O que vê? Procura reconstruir o que vê com sua imaginação.

Agora, olhe para dentro. Veja um jovem vestido de branco, que o observa com olhos cheios de amor, de compaixão por você. Parece realmente contente em vê-lo. Esperava-o.

Você está surpreso? Assustado? Maravilhado? O que experimenta nesse momento? O que sente nesse momento? Concentre-se no que reage em você diante dessa inesperada presença.

O jovem o olha: parece conhecê-lo desde sempre. Sabe quem você é. Conhece seus medos, suas ansiedades e lhe diz que não deve temer. O que você sente diante dessas palavras?

Depois, o jovem se levanta, vem em direção a você e o toma pela mão. Você pode sentir o calor da mão dele e o afeto com o qual o conduz a se sentar.

Senta-se com ele, e ele lhe diz essas palavras: "Não tenha mais medo. Jesus, crucificado, ressuscitou. Aquele que acreditava estar morto e sepultado, na sua vida, é mais vivo e operante que sempre". O que você sente escutando essas palavras?

Sinta que os medos e os temores que tem no coração pouco a pouco se derretem como se fossem neve exposta ao sol. Todas suas ansiedades, suas incertezas, suas angústias, desaparecem diante dessas palavras que o jovem lhe diz: "Ressuscitou! Está próximo a você! Estará para sempre com você!". O que você sente escutando essas palavras?

O jovem disse a você que Jesus o precede. Isto é, antecipa seus passos. Não está mais sozinho. Não estará nunca mais. O que você sente?

Agora, com calma e com atitude compassiva em relação a si mesmo, reabra os olhos e tente sentir dentro de si as sensações e as emoções que esse exercício de oração lhe deixou.

Conclusões

Chegamos à conclusão desta viagem ao interior da *mindfulness*, da oração contemplativa cristã e do modo como a primeira pode ser útil para criar as condições práticas para viver de maneira mais aprofundada a segunda. Vimos também como a oração cristã pode ter combinações com os princípios da *mindfulness*.

Embora tenha sido uma breve viagem, esperamos ter incentivado nos leitores a vontade de aprofundar essa pesquisa e de voltar aos territórios explorados juntos para compreender mais a fundo aquilo que por ora apenas afloramos e introduzimos, ainda que do modo mais completo possível.

Sabemos que tantas outras coisas há que se dizer, mas o tempo e o espaço, a consciência de que a perfeição não é deste mundo e a convicção de que o saber não é nunca um processo completo, mas sempre em construção, nos convidam a tomar contato com o *aqui* e *agora* do trabalho que desenvolvemos, e a compartilhá-lo com todos. A *Graça*, à qual nos confiamos, fará o restante; e se este trabalho trouxer bons frutos, nos dará oportunidade de retomá-lo e aprofundá-lo.

Antes de escrevermos as últimas palavras, gostaríamos de lembrar algumas coisas e destacar outras.

Desejamos lembrar que a *mindfulness* não é uma estratégia, uma técnica ou uma atitude nova em si, e não oferece ensinamentos novos ao cristianismo.

Estratégias meditativas e, sobretudo, contemplativas, seja como atitude, seja como técnica, estão presentes há milênios em muitas tradições religiosas e espirituais orientais, e, em parte, também ocidentais. Nos últimos trinta anos, alguns *experts* das ciências médicas e humanas, ligados predominantemente a tradições budistas e *zen*, decidiram codificar de forma laica os elementos de base dessas tradições de meditação e oração, incluindo-os na definição de *mindfulness* e inserindo-os em protocolos de tratamento. Assim, dividiram em micro-habilidades psicológicas essas práticas contemplativas (por exemplo, prestar atenção, não julgar, aceitar, afastar o pensamento, permanecer no presente, ancorar-se nas sensações físicas ou no pensamento, observar os fenômenos físicos e psicológicos que se apresentam espontaneamente), que ensinaram isoladamente, ou foram conciliadas dentro de práticas formais (por exemplo, o *body scan* ou a meditação sobre a respiração) ou protocolos estruturados de mais dias, semanas ou meses, em encontros de poucas horas ou em verdadeiros retiros.

Assim nasceram alguns protocolos de *mindfulness* (como a Redução de Estresse Baseada em *Mindfulness* e a Terapia Cognitiva Baseada em *Mindfulness*), abordagens terapêuticas que inserem estratégias ou comportamentos fundados sobre a *mindfulness* (como a Terapia Comportamental Dialética e a Terapia de Aceitação e Compromisso) e também modos de fazer terapia, guiados pelos princípios e pelas estratégias da *mindfulness*. Tudo com o objetivo de colocar a serviço do tratamento médico e do crescimento humano essa bagagem de conhecimentos, comportamentos, estratégias e técnicas.

Até hoje o mais famoso médico que se dedicou ao ensino da *mindfulness* é Jon Kabat-Zinn e o modelo mais famoso é seu Redução de Estresse Baseada em *Mindfulness*, embora, como se tornou evidente ao longo do livro, não seja o único, e a *mindfulness* não seja redutível a um só método estruturado.

Aprendermos a *mindfulness* não quer dizer frequentar um curso para rapidamente estarmos aptos a praticá-la com sucesso, para poder rapidamente usufruir de todos os seus frutos e depois deixá-la de lado porque agora, de algum modo misterioso, se tornou parte de nós. A *mindfulness* é um conjunto de técnicas, estratégias e comportamentos que requerem prática e dedicação para poderem ser aprendidos, praticados progressivamente melhor e incluídos no próprio modo de ser com nós mesmos e no mundo, no espaço e no tempo.

O modo mais eficaz para aprender os princípios e as práticas de base é, certamente, frequentar um curso clássico como a Redução de Estresse Baseada em *Mindfulness*, para então prosseguir com o auxílio de leituras, exercícios e diálogo com outras pessoas que a praticam. É fundamental colocar em prática na vida cotidiana as atitudes que são treinadas desde os mais simples exercícios.

Para nós, cristãos, a *mindfulness* pode ser tranquilamente integrada a nossa vida ativa e contemplativa, não só nos ensinando um novo modo de ser e de orar, mas nos tornando mais prontos, presentes e abertos.

A *mindfulness* pode nos ajudar a notar a diferença entre rezar o terço ou rezá-lo conscientemente, nomear os mistérios ou contemplá-los realmente, ir à missa ou participar da missa, engolir a hóstia ou entrar em comunhão com Cristo, saber sobre o dever de exercitar a misericórdia ou ser misericordiosos, conhecer a importância de ser compassivos ou nos sentirmos como tal, tentar orar por meia hora pensando em outro assunto ou orar por meia hora enquanto alguns pensamentos procuram nos distrair. São todos exemplos de experiências em que a *mindfulness* pode nos ajudar, treinando as habilidades necessárias para fazer e ser aquilo que já sabemos dever fazer e ser. Permite nos treinarmos nas habilidades de base necessárias para melhorar o modo de viver a participação e a experiência religiosas. Literalmente, nosso modo de encarná-la. Praticando-a, nos permite reconhecer nossos aspectos fracos a serem reforçados para aprofundar nossa experiência de fé.

Nesse processo de integração, não devemos nunca esquecer as seguintes recomendações.

Ao tentar criar uma relação virtuosa entre *mindfulness* e oração, o fim não é nunca a meditação em si nem sequer aperfeiçoar nossas habilidades contemplativas, mas a comunhão com Deus e com seu amor.

O comportamento não deve ser o de perfeccionismo, porque a oração não é uma técnica, mas uma relação. Embora a técnica possa melhorar alguns aspectos da relação, se nos focarmos na técnica em si, perdemos de vista a Pessoa com a qual estamos nos relacionando.

Humildade e confiança na obra do Espírito Santo são atitudes fundamentais, porque, por mais boa vontade que possamos aplicar, é necessária a obra da Graça de Deus para que seja possível nos aproximarmos dele e, eventualmente, ter também experiências místicas, que são sempre um dom e nunca o fruto do treinamento.

Por outro lado, a prática da *mindfulness* pode nos ajudar a viver melhor a oração e a vida cristã mesmo quando não são acompanhadas por emoções agradáveis ou gratificantes, mas nos parecem áridas, repetitivas e sem sentido.

Para ajudar o leitor nesse percurso de integração consciente da *mindfulness* na própria experiência religiosa, demos uma panorâmica das principais tradições contemplativas na história da Igreja, e também algumas sugestões de experiências de oração *mindful*.

Sabemos ter mexido em um terreno muito delicado, não isento de idealizações da *mindfulness* ou formas indevidas de integração. Acreditamos ter apresentado uma clara ideia das suas possibilidades, potencialidades e limites, de modo a colocá-la à disposição também dos religiosos mais ortodoxos, porém desejosos de tentar dar passos adiante na própria vida ativa e contemplativa.

Desejamos concluir com uma oração muito famosa, da qual, porém, geralmente se conhece somente o primeiro verso graças à sua ampla utilização pelos grupos de Alcoólicos Anônimos. Falamos da Oração da Serenidade, escrita no século XX pelo teólogo protestante germânico-estadunidense Reinhold Niebuhr (o qual parece que já a utilizava em seus sermões desde 1934).

Deus, conceda-me a serenidade para aceitar as coisas
que não posso mudar,
a coragem para mudar as coisas que posso
e a sabedoria para reconhecer a diferença entre elas.
Vivendo um dia de cada vez;
desfrutando um momento de cada vez;
aceitando as dificuldades como caminho para a paz.

Aceitando, como ele aceitou, este
mundo pecaminosos assim como é,
e não como eu queria que fosse.
Confiando que ele colocará no lugar todas as coisas,
contanto que eu me entregue à sua vontade.
Que eu possa ser razoavelmente feliz nesta vida,
e infinitamente feliz com ele na próxima.

Apêndice

Oração contemplativa e meditação oriental segundo a Igreja Católica

Decidimos inserir neste apêndice alguns passos de dois documentos da Igreja Católica que mantivemos em mente durante a elaboração deste livro, e que convidamos o leitor a ler integralmente. Consideramos, no entanto, que a leitura ao menos das partes citadas por nós seja de fundamental importância para compreender os conteúdos do livro, não distorcê-los e utilizá-los ao máximo para o crescimento humano e espiritual. Estamos falando do *Catecismo da Igreja Católica*, que sempre cita a oração contemplativa (que é a forma de oração mais similar à *mindfulness*), e da *Carta aos bispos da Igreja Católica sobre alguns aspectos da meditação cristã*, assinada em 15 de outubro de 1989 por São João Paulo II.

No *Catecismo da Igreja Católica*, no que concerne à oração contemplativa, afirma-se:

"O que é a oração contemplativa? Santa Teresa responde: 'A oração mental, a meu ver, é apenas um relacionamento íntimo de amizade em que conversamos muitas vezes a sós com esse Deus por quem nos sabemos amados'. A oração contemplativa busca 'o amor da minha alma' (Ct 1,7). É Jesus e, nele, o Pai. Ele é procurado porque desejá-lo é sempre o início do amor, e é procurado na fé pura, a fé que nos faz nascer dele e viver nele. Pode-se ainda meditar na oração contemplativa, porém, o olhar é voltado ao Senhor" (CIC, n. 2709).

"A escolha *do tempo e da duração da oração contemplativa* depende de uma vontade determinada, reveladora dos segredos do coração. Não se faz oração contemplativa quando se tem tempo: reserva-se o tempo para ser do Senhor, com a firme decisão de não o tomarmos de volta ao longo do caminho, quaisquer que sejam as provas e a aridez de encontro. Nem sempre se pode meditar, mas sempre se pode entrar em oração contemplativa, independentemente das condições de saúde, de trabalho ou de sentimento. O coração é o lugar da busca e do encontro, na pobreza e na fé" (CIC, n. 2710).

"*A entrada na oração contemplativa* é análoga à da liturgia eucarística: 'recolher' o coração, concentrar todo nosso ser na ação do Espírito Santo, habitar na morada do Senhor que somos nós, despertar a fé para entrar na presença daquele que nos espera, fazer cair nossas máscaras e voltar nosso coração para o Senhor que nos ama, a fim de nos entregarmos a ele como uma oferta a ser purificada e transformada" (CIC, n. 2711).

"A oração contemplativa é a prece do Filho de Deus, do pecador perdoado que se abre para acolher o amor com que é amado e que quer vos corresponder amando ainda mais. Mas ele sabe que o amor com que responde é aquele que o Espírito derrama em seu coração; tudo é, de fato, graça da parte de Deus. A oração contemplativa é a entrega humilde e pobre à amorosa vontade do Pai, em união cada vez mais profunda com seu Filho amado" (CIC, n. 2712).

"Assim, a oração contemplativa é a expressão mais simples do mistério da prece. A oração contemplativa é um *dom*, uma graça; não pode ser acolhida senão na humildade e na pobreza. A oração contemplativa é uma relação de *aliança*, estabelecida por Deus nas profundezas do nosso ser. A oração contemplativa é *comunhão*: nela, a Santíssima Trindade alinha o homem, imagem de Deus, 'à sua semelhança'" (CIC, n. 2713).

"A oração contemplativa é também o *tempo forte* da prece por excelência. Durante a oração contemplativa, o Pai nos fortalece poderosamente com seu Espírito no homem interior, para que Cristo habite em nossos corações pela fé e estejamos arraigados e fundados no amor" (CIC, n. 2714).

"A oração contemplativa é o *olhar* de fé fixado em Jesus. 'Eu olho para ele e ele olha para mim', dizia, no tempo de seu santo pároco, o camponês de Ars em oração diante do Tabernáculo. Essa atenção a ele é renúncia ao 'eu'. Seu olhar purifica o coração. A luz do olhar de Jesus ilumina os olhos de nosso coração; ensina-nos a ver tudo na luz de sua verdade e de sua compaixão por todos os homens" (CIC, n. 2715).

"A oração contemplativa é a *escuta* da Palavra de Deus" (CIC, n. 2716).

"A oração contemplativa é *silêncio*, 'símbolo do mundo futuro' ou 'amor silencioso'. [...] É neste silêncio, insuportável ao homem 'exterior', que o Pai nos diz seu Verbo encarnado, sofredor, morto e ressuscitado, e que o Espírito filial nos faz participar na oração de Jesus" (CIC, n. 2717).

"A oração contemplativa é a *união* à prece de Cristo na medida em nos faz participar de seu mistério" (CIC 2718).

"A oração contemplativa é uma *comunhão de amor* portadora de vida para a multidão, na medida em que é consentida a habitar na noite obscura da fé. A noite pascal da ressurreição passa através da agonia e do túmulo. Seu Espírito (e não a 'carne', que é 'fraca') faz com que na oração contemplativa traduzamos em vida esses três tempos fortes. É preciso permitir 'vigiar uma hora com ele'" (CIC, n. 2719).

Enquanto o *Catecismo da Igreja Católica* colocou em evidência a importância da meditação e da oração contemplativa na prática orante do cristão, a *Carta aos bispos da Igreja Católica sobre alguns aspectos da meditação cristã* destaca as vantagens e os riscos da integração de outras abordagens na oração cristã. Parte de uma distinção importante, isto é, entre abordagens puramente técnicas e terapêuticas e abordagens espirituais, para então falar da integração de ambos na prática cristã. A *Carta* afirma:

"O contato cada vez mais frequente com outras religiões e com os seus diversos estilos e métodos de oração tem induzido, nos últimos decênios, muitos fiéis a interrogarem-se sobre o valor que possam ter, para os cristãos, formas não cristãs de meditação. A questão refere-se, sobretudo, aos métodos orientais. Há quem se volte hoje a tais métodos por motivos terapêuticos: a inquietude espiritual de uma vida submetida ao ritmo agitado da sociedade tecnologicamente avançada impele também certo número de cristãos a procurar neles o caminho para a calma interior e o equilíbrio psíquico. Esse aspecto psicológico não será levado em consideração na presente *Carta*, a qual pretende evidenciar as implicações teológicas e espirituais da questão. Outros cristãos, na esteira do movimento de abertura e de diálogo com religiões e culturas diversas, entendem que sua própria oração tenha muito a ganhar através de tais métodos. Chamando a atenção para o fato de que, em tempos recentes, não poucos métodos tradicionais de meditação próprios do cristianismo caíram em desuso, alguns cristãos perguntam: não seria então possível, através de uma nova educação à oração, enriquecer nossa herança incorporando nela também aquilo que lhe tem sido alheio até agora?" (n. 2).

"Para responder a essa questão, em primeiro lugar é preciso considerar, mesmo que em linhas gerais, no que consiste a natureza íntima da oração cristã, para ver em seguida se e como pode ser beneficiada por métodos de meditação desenvolvidos no contexto de religiões e culturas diversas. Para tal fim, é necessário formular uma premissa decisiva. A oração cristã é sempre determinada pela estrutura da fé cristã, na qual resplandece a própria verdade de Deus e da criatura. Por isso, a oração configura-se como um diálogo pessoal, íntimo e profundo, entre o homem e Deus. A oração exprime, portanto, a comunhão das criaturas redimidas com a vida íntima das Pessoas trinitárias. Nessa comunhão, que se funda sobre o Batismo e a Eucaristia, fonte e auge da vida da Igreja, está envolvida uma atitude de conversão, um êxodo do eu para o Tu de Deus. A oração cristã, portanto, é sempre autenticamente pessoal e comunitária ao mesmo tempo. Recusa técnicas impessoais ou centradas sobre o eu, capazes de produzir automatismos nos quais o orante permanece prisioneiro de um espiritualismo intimista, incapaz de uma livre abertura ao Deus transcendente. Na Igreja, a legítima busca de novos métodos de meditação deverá ter sempre em conta que, em uma oração autenticamente cristã, é essencial o encontro de duas liberdades: a infinita, de Deus, com a finita, do homem" (n. 3).

"Com a atual difusão dos métodos orientais de meditação no mundo cristão e nas comunidades eclesiais, nos encontramos ante um acentuado renovar-se da tentativa, não isenta de riscos e erros, de fundir a meditação cristã com a não cristã. As propostas nesse sentido são numerosas e mais ou menos radicais: algumas utilizam os métodos orientais somente com a finalidade de uma preparação psicofísica para uma contemplação realmente cristã" (n. 12).

"A maior parte das grandes religiões que procuraram a união com Deus na oração tem indicado também os caminhos para obtê-la. Visto que 'a Igreja católica nada rejeita do que existe de verdadeiro e santo nessas religiões', não se deverão desprezar preconceituosamente tais indicações por não serem cristãs. Pelo contrário, poderá colher-se nelas o que houver de útil, com a condição de não perder nunca de vista a concepção cristã da oração, sua lógica e as suas exigências, uma vez que é dentro dessa totalidade que os fragmentos deverão ser reformulados e assumidos" (16).

"Deverá, por isso, ser interpretada corretamente a doutrina daqueles mestres que recomendam 'esvaziar' o espírito de todas as representações sensíveis e de todos os conceitos, mantendo, porém, uma amorosa atenção a Deus, de modo que permaneça no orante um vazio que pode ser então preenchido pela riqueza divina. O vazio de que Deus necessita é o da renúncia ao próprio egoísmo, não necessariamente o da renúncia às coisas criadas que ele nos deu e entre as quais nos colocou. Não há dúvida de que na oração devemos nos concentrar inteiramente em Deus e nos afastar o máximo possível das coisas deste mundo que nos acorrentam ao nosso egoísmo. Santo Agostinho é um mestre insigne sobre este ponto: se queres encontrar a Deus – diz –, abandona o mundo exterior e entra em ti mesmo. Todavia, prossiga, não permaneça, mas ultrapasse a ti mesmo, porque tu não és Deus: Ele é mais profundo e maior do que ti" (n. 19).

"Certamente o cristão precisa de determinados tempos de retiro na solidão para se recolher e reencontrar seu caminho junto a Deus. Mas, dado seu caráter de criatura, e de criatura que sabe estar segura somente na graça, seu modo de aproximar-se de Deus não se funda em alguma técnica, no sentido estrito da palavra. Isso contradiria o espírito de infância exigido pelo Evangelho. A mística cristã autêntica não tem nada a ver com a técnica: é sempre um dom de Deus, do qual se sente indigno quem dele se beneficia" (n. 23).

"A experiência humana demonstra que a posição e a atitude do corpo não são privadas de influência no recolhimento e na disposição do espírito. É um dado ao qual alguns escritores cristãos espirituais do Oriente e do Ocidente cristão prestaram atenção. As suas reflexões, embora apresentando pontos em comum com os métodos orientais não cristãos de meditação, evitam aqueles exageros ou posições unilaterais que, pelo contrário, são hoje frequentemente propostas a pessoas não suficientemente preparadas. Esses autores espirituais adotaram elementos que facilitam o recolhimento na oração, reconhecendo neles, ao mesmo tempo, também um valor relativo: são métodos úteis se reformulados com vistas à oração cristã" (n. 26).

"A meditação cristã do Oriente valorizou o simbolismo psicofísico, frequentemente insuficiente na oração do Ocidente. Tal simbolismo pode partir de uma determinada atitude corpórea até envolver também as funções vitais fundamentais, como a respiração e o batimento cardíaco. O exercício da 'oração de Jesus', por exemplo, que se adapta ao ritmo respiratório natural, pode – ao menos por certo tempo – ser de real ajuda para muitos. Por outro lado, os próprios mestres orientais também constataram que nem todos são igualmente idôneos para fazer uso destes simbolismos, porque nem todos estão aptos a passar do sinal material à realidade espiritual buscada. Se compreendido de modo inadequado e incorreto, o simbolismo pode tornar-se até mesmo um ídolo e, por consequência, um impedimento para a elevação do espírito a Deus. Viver no âmbito da oração toda a realidade do próprio corpo como símbolo é ainda mais difícil: isso pode degenerar em culto do corpo e levar a identificar sub-repticiamente todas as suas sensações com experiências espirituais" (n. 27).

"Alguns exercícios físicos produzem automaticamente sensações de tranquilidade e distensão, sentimentos gratificantes; talvez até mesmo fenômenos de luz e de calor, que se assemelham a um bem-estar espiritual. Trocá-los por autênticas consolações do Espírito Santo seria um modo totalmente errôneo de conceber o caminho espiritual. Atribuir--lhes significados simbólicos típicos da experiência mística, quando o comportamento moral do praticante não corresponde a ela, representaria uma espécie de esquizofrenia mental, que pode levar a distúrbios psíquicos e, em certos casos, a aberrações morais. Isso não significa que autênticas práticas de meditação, vindas do Oriente cristão e das grandes religiões não cristãs, que exercem uma atração sobre o homem de hoje dividido e desorientado, possam constituir um meio adequado para ajudar o orante a estar diante de Deus interiormente distendido, mesmo em meio a solicitações exteriores. Convém, no entanto, recordar que a união habitual com Deus ou a atitude de vigilância interior e de invocação do auxílio divino que, no Novo Testamento, é chamada de "oração contínua", não se interrompe necessariamente quando nos dedicamos também, segundo a vontade de Deus, ao trabalho e ao cuidado do próximo. 'Quer comais, quer bebais, quer façais qualquer outra coisa, fazei tudo para a glória de Deus', diz-nos o Apóstolo (1Cor 10,31). A oração autêntica, de fato, como afirmam os grandes mestres espirituais, desperta nos orantes uma caridade ardente que os impele a colaborar na missão da Igreja e no serviço dos irmãos para a maior glória de Deus" (n. 28).

"O amor de Deus, único objeto da contemplação cristã, é uma realidade da qual não podemos nos 'apoderar' por meio de qualquer método ou técnica; pelo contrário, devemos ter sempre o olhar fixo em Jesus Cristo, no qual o amor divino chegou para nós sobre a cruz a tal ponto que ele assumiu sobre si também a condição de afastamento do Pai (cf. Mc 15,34). Devemos, portanto, deixar Deus decidir a maneira com que ele quer nos tornar participantes do seu amor. Mas não poderemos jamais, de nenhuma maneira, nos tentar colocar no mesmo nível do objeto contemplado, o amor livre de Deus; nem mesmo quando, pela misericórdia de Deus Pai, mediante o Espírito Santo enviado aos nossos corações, nos é dado em Cristo, gratuitamente, um reflexo sensível deste amor divino, e nos sentimos como atraídos pela verdade, pela bondade e pela beleza do Senhor" (n. 31).

Referências

Bibliografia citada

AA.VV. *La Filocalia*. Milão: Gribaudi, 1982. vol. 1.

AMADEI, G. *Mindfulness. Essere consapevoli*. Bolonha: Il Mulino, 2013.

ANCILLI, E. (Org.). *Dizionario Enciclopedico di Spiritualità*. Roma: Città Nuova, 1990.

ANDERSON, M. S. et al. (2007). The perverse effects of competition on scientists' work and relationships. *Science and engineering ethics*, 13(4): 437-461.

ASTIN, J. A. (1997). Stress reduction through *Mindfulness* meditation. Effects on psychological symptomatology, sense of control, and spiritual experiences. *Psychotherapy and Psychosomatics*. 66(2): 97-106.

BANDURA, A. (1997). *Self-Efficacy: The Exercise of Control*. Duffield: Worth Publishers (trad. it. *Autoefficacia. Teoria e applicazioni*. Trento: Erickson, 2000).

BARDACKE, N. (2012). *Mindful birthing: training the mind, body, and heart for childbirth and beyond*. New York: HarperCollins.

BAUMEISTER, R. F.; SMART, L.; BODEN, J. M. (1996). Relation of threatened egotism to violence and aggression: The dark side of high self-esteem. *Psychological Review*, 103: 5-33.

————— ; et al. (2003). Does high self-esteem cause better performance, interpersonal success, happiness, or healthier lifestyles? *Psychological Science in the Public Interest*, 4: 1-44.

BAZZANO, A. et al. (2015). *Mindfulness*-Based Stress Reduction (MBSR) for parents and caregivers of individuals with developmental disabilities: A community-based approach. *Journal of Child and Family Studies*, 24(2): 298-308.

BISHOP, S. R. et. al. (2004). *Mindfulness*: a Proposed Operational Definition. *Clinical Psychology Science and Practice*, 11(3): 230-241.

BLATT, S. J. et al. (1982). Dependency and self-criticism: Psychological dimensions of depression. *Journal of Consulting and Clinical Psychology*, 50: 113-124.

BONDOLFI, G. et al. (2010). Depression relapse prophylaxis with *Mindfulness*-Based Cognitive Therapy: Replication and extension in the Swiss health care system. *Journal of Affective Disorders*, 122(3): 224-231.

BOWEN, S.; CHAWLA, N.; MARLATT, G. *Mindfulness-Based Relapse Prevention for Addictive Behaviors: a Clinician's Guide.* New York: Guilford Press, 2011.

BOWLBY, J. *Attachment and loss: Vol. 1. Attachment.* New York: Basic Books, 1969.

—————. *Attachment and loss: Vol. 2. Separation: Anxiety and anger.* New York: Basic Books, 1973.

—————. *Attachment and loss: Vol. 3. Loss, separation, and depression.* New York: Basic Books, 1980.

BRÄNSTRÖM, R. et al. (2010). Positive Affect and Mood Management in Successful Smoking Cessation. *American Journal of Health Behavior*, 34(5): 553-562.

BROWN, K. W.; RYAN, R. M. (2003). The Benefits of Being Present: *Mindfulness* and Its Role in Psychological Well-Being. *Journal of Personality and Social Psychology*, 84(4): 822-848.

BROWN, S. L. et al. (2003). Providing social support may be more beneficial than receiving it: Results from a prospective study of mortality. *Psychological Science*, 14: 320-327.

—————. (2009). Caregiving behavior is associated with decreased mortality risk. *Psychological Science*, 20: 488-494.

BROWN, W. M.; CONSEDINE, N. S.; MAGAI, C. (2005). Altruism relates to health in an ethnically diverse sample of older adults. *Journal of Gerontology: Series B: Psychological Sciences and Social Sciences*, 60B: 143-152.

BRZEZINSKI, A. (1997). Melatonin in humans. *The New England Journal of Medicine*, 16, 336(3): 186-95.

CANEVELLO, A.; CROCKER, J. (2010). Creating good relationships: Responsiveness, relationship quality, and interpersonal goals. *Journal of Personality and Social Psychology*, 99: 78-106.

—————. (2011a). Interpersonal Goals and Close Relationship Processes: Potential Links to Health. *Social and Personality Psychology Compass*, 5/6: 346-358.

—————. (2011b). Interpersonal goals, others' regard for the self, and self-esteem: The paradoxical consequences of self--image and compassionate goals. *European Journal of Social Psychology*, 41(4): 422-434.

CANTELMI, T. *Tecnoliquidità. La psicologia ai tempi di internet:la mente tecnoliquida*. Cinisello Balsamo: San Paolo, 2013.

—————; LAMBIASE, E. (2007). Legame affettivo e comportamento sessuale. Come lo stile di attaccamento influenza il comportamento sessuale. *Psicoterapia e Scienze Umane*, 41(2): 205-228.

CARR, N. (2010). *The Shallows. What the Internet Is Doing To Our Brain*. New York: W. W. Norton, Company (trad. it. *Internet ci rende stupidi? Come la Rete sta cambiando il nostro cervello*. Milão: Raffaello Cortina, 2011).

—————. (2014). *The Glass Cage. Automation and Us*. New York: W. W. Norton; Company (trad. it. *La gabbia di vetro. Prigionieri dell'automazione*. Milão: Raffaello Cortina, 2015).

CARSON, J. W. et al. (2004). *Mindfulness*-Based Relationship Enhancement. *Behavior therapy*, 35: 471-494.

CASH, M.; WHITTINGHAM, K. (2010). What Facets of *Mindfulness* Contribute to Psychological Well-being and Depressive, Anxious, and Stress-related Symptomatology? *Mindfulness*, 1: 177-182.

CASTRO FERRER, J. M. *Ascolta il silenzio. L'insegnamento spirituale di Anthony De Mello*. Milão: Gribaudi, 1998.

CHADWICK, P. et al. (2009). *Mindfulness* Groups for Distressing Voices and Paranoia: A Replication and Randomized Feasibility Trial. *Behavioral and Cognitive Psychotherapy*, 37: 403-412.

CLARK, M. S.; LEMAY, E. P. Jr. (2010). Close relationships. In: FISKE, S.T.; GILBERT, D. T.; LINDZEY, G. (Org.). *Handbook of Social Psychology*. 5. ed. New York: Wiley, vol. 2, pp. 898-940.

COLVIN, C. R.; BLOCK, J. (1994). Do positive illusions foster mental health? An examination of the Taylor and Brown formulation. *Psychological Bulletin*, 116: 3-20.

COOPER, M. L.; AGOCHA, V. B.; SHELDON, M. S. (2000). A motivational perspective on risky behaviors: The role of personality and affect regulatory processes. *Journal of Personality: Special Issue: Personality processes and problem behavior*, 68: 1059-1088.

COOPER, M. L. et al. (1995). Drinking to regulate positive and negative emotions: A motivational model of alcohol use. *Journal of Personality and Social Psychology*, 69: 990-1005.

—————; SHAPIRO, C. M., POWERS, A. M. (1998). Motivations for sex and risky sexual behavior among adolescents and young adults: A functional perspective. *Journal of Personality and Social Psychology*, 75: 1528-1558.

COVINGTON, M. V. (1984). The self-worth theory of achievement motivation: Findings and implications. *Elementary School Journal*, 85: 5-20.

COZOLINO, L. (2014). The Neuroscience of Human Relationships. Attachment and the Developing Social Brain. 2. ed.

New York: W. W. Norton, Company (1. ed. 2006) (trad. it. da 1. ed., *Il cervello sociale. Neuroscienze delle relazioni umane.* Milão: Raffaello Cortina, 2008).

CRANE, C. et al. (2012). Effects of *Mindfulness*-Based Cognitive Therapy on Specificity of Life Goals. *Cognitive Therapy and Research*, 36(3): 182-189.

CROCKER, J.; CANEVELLO, A. (2008). Creating and undermining social support in communal relationships: The roles of compassionate and self-image goals. *Journal of Personality and Social Psychology*, 95: 555-575.

——————. et al. (2003). When grades determine self-worth: Consequences of contingent self-worth for male and female engineering and psychology majors. *Journal of Personality and Social Psychology*, 85: 507-516.

——————; LUHTANEN, R. K. (2003). Level of self-esteem and contingencies of self-worth: Unique effects on academic, social, and financial problems in college freshmen. *Personality and Social Psychology Bulletin*, 29: 701-712.

——————; NUER, N. (2004). Do People Need Self-Esteem? Comment on Pyszczynski et al. (2004). *Psychological Bulletin*, 130: 3, 1-7.

——————; PARK, L. E. (2004). The costly pursuit of self-esteem. *Psychological Bulletin*, 130: 392-414.

——————; SOMMERS, S. R.; LUHTANEN, R. K. (2002). Hopes dashed and dreams fulfilled: Contingencies of self--worth and admissions to graduate school. *Personality and Social Psychology Bulletin*, 28: 1275-1286.

DAMON, W. (1995). *Greater expectations: Overcoming the culture of indulgence in America's homes and schools.* New York: Free Press.

DAVIDSON, R. J.; BEGLEY, S. (2012). *The Emotional Life of Your Brain: How Its Unique Patterns Affect the Way You Think, Feel, and Live, and How You Can Change Them*. New York: Hudson Street Press.

————; KABAT-ZINN, J. (2004). Alteration in brain and immune function produced by *Mindfulness* meditation: three caveats: response. *Psychosomatic Medicine*, 66(1): 149-152.

DE RAEDT, R. (2012). Changes in attentional processing of emotional information following *Mindfulness*-based cognitive therapy in people with a history of depression: Towards an open attention for all emotional experiences. *Cognitive Therapy Research*, 36: 612-620.

DECI, E. L.; NEZLEK, J., SHEINMAN, L. (1981). Characteristics of the rewarder and intrinsic motivation of the rewarded. *Journal of Personality and Social Psychology*, 40: 1-10.

————; RYAN, R. M. (1995). Human autonomy: The basis for true self-esteem, in M. H. KERNIS (Org.). *Efficacy, agency, and self-esteem*. New York: Plenum: 31-49.

————; (2000). The "what" and "why" of goal pursuits: Human Needs and the Self-determination of Behavior. *Psychological Inquiry*, 11: 227-268.

DEKEYSER, M. (2008). *Mindfulness* skills and interpersonal behavior. *Personality and Individual Differences*, 44: 1235-1245.

DOWNEY, G.; FELDMAN, S. (1996). Implications of rejection sensitivity for intimate relationships. *Journal of Personality and Social Psychology*, 70: 1327-1343.

DUNCAN, L. G. et al. (2011). *Mindfulness*-based stress reduction for HIV treatment side effects: a randomized, waitlist--controlled trial. *Journal of Pain and Symptom Management*, 43(2): 161-71.

DWECK, C. S. (2000). *Self-theories: Their role in motivation, personality, and development*. Philadelphia: Psychology Press.

————; CHIU, C.; HONG, Y. (1995). Implicit theories and their role in judgments and reactions: A world from two perspectives. *Psychological Inquiry*, 6(4): 267-285.

ELLIS, A.; LONDON, T. (1993). *The case against self-esteem: How the self-esteem movement is damaging our children and culture.* Chicago: Garfield Press.

FARB, N. A. et al. (2010). Minding one's emotions: *Mindfulness* training alters the neural expression of sadness. *Emotion,* 10(1): 25-33.

FARB, N. A.; ANDERSON, A. K.; SEGAL, V. Z. (2012). The Mindful Brain and Emotion Regulation in Mood Disorders. *The Canadian Journal of Psychiatry,* 57(2): 70-77.

——————. et al. (2007). Attending to the present: *Mindfulness* meditation reveals distinct neural modes of self-reference. *Social Cognitive and Affective Neuroscience,* 2(4): 313-22.

FINN, C. E. (1990). Narcissus goes to school. *Commentary,* 89: 40-45.

GARLAND, E. L. et al. (2010). Upward Spirals of Positive Emotions Counter Downward Spirals of Negativity: Insights from the Broaden-and-Build Theory and Affective Neuroscience on the Treatment of Emotion Dysfunctions and Deficits in Psychopathology. *Clinical Psychology Review,* 30(7): 849-864.

GERMER, C. K. *The Mindful Path to Self-Compassion. Freeing Yourself from Destructive Thoughts and Emotions.* New York: Guilford Press, 2009.

——————; SIEGEL, R. D. (Org.) *Compassion and wisdom in psychotherapy: Deepening mindfulness in psychotherapy.* New York: Guilford Press, 2012.

——————; FULTON, P. R. (Org.) *Mindfulness and Psychotherapy.* 2. ed. New York: Guilford Press, 2013.

GILBERT, P. (2010). *Compassion Focused Therapy. The CBT Distinctive Features Series.* Oxford: Psychology Press (trad. it. *La terapia focalizzata sulla compassione. Caratteristiche distintive.* Milão: Franco Angeli, 2012).

GILUK, T. L. (2009). *Mindfulness*, Big Five personality, and affect: A meta-analysis. *Personality and Individual Differences*, 47(8): 805-811.

GIOVANNI DELLA CROCE. *Opere complete*. Cinisello Balsamo: San Paolo, 2001.

GODFRIN, K. A.; VAN HEERINGEN, C. (2011). The effects of *Mindfulness*-based cognitive therapy on recurrence of depressive episodes, mental health and quality of life: A randomized controlled study. *Behaviour Research and Therapy*, 48(8): 738-46.

GROSSMAN, P. et al. (2010). MS quality of life, depression, and fatigue improve after *Mindfulness* training: A randomized trial. *Neurology*, 75: 1141-1149.

HANH, T. N. (1976). The miracle of *Mindfulness*: A manual on meditation. Boston: Beacon Press (trad. it. *Il miracolo della presenza mentale. Un manuale di meditazione*. Roma: Ubaldini, 1992).

HARINATH, K. et al. (2004). Effects of Hatha yoga and Omkar meditation on cardiorespiratory performance, psychologic profile, and melatonin secretion. *Journal of Alternative and Complementary Medicine*, 10(2): 261-68.

HAYES, S. C.; BROWNSTEIN, A. J. (1986). Mentalism, behavior-behavior relations, and a behavior-analytic view of the purposes of science. *The Behavior Analyst*, 9(2): 175-190.

——————; STROSAHL, K.; WILSON, K. G. (1999). *Acceptance and Commitment Therapy: An experiential approach to behavior change*. New York: Guilford Press.

——————; WILSON, K. G. (1994). Acceptance and Commitment Therapy: Altering the verbal support for experiential avoidance. *The Behavior Analyst*, 17: 289-303.

HEATHERTON, T. F.; VOHS, K. D. (2000). Interpersonal evaluations following threat to self. *Journal of Personality and Social Psychology*, 78: 725-736.

HEWITT, J. P. *The myth of self-esteem: Finding happiness and solving problems in America*. New York: St. Martin's Press, 1998.

HODGINS, H. S.; ADAIR K. C. (2010). Attentional processes and meditation. *Consciousness and Cognition*, 19(4): 872-78.

HÖLZEL, B. K. et al (2008). Investigation of *Mindfulness* meditation practitioners with voxel-based morphometry. *Social Cognitive and Affective Neuroscience*, 3: 55-61.

HORNEY, K. *Neurosis and human growth: The struggle toward self-realization*. New York: Norton, 1950.

HULL, J. G. (1981). A self-awareness model of the causes and effects of alcohol consumption. *Journal of Abnormal Psychology*, 90: 586-600.

—————. et al. (1983). Self-awareness reducing effects of alcohol consumption. *Journal of Personality and Social Psychology*, 44: 461-473.

—————; YOUNG, R. D. (1983). Self-consciousness, self--esteem, and success-failure as determinants of alcohol consumption in male social drinkers. *Journal of Personality and Social Psychology*, 44: 1097-1109.

JAIN, S. et al. (2007). A randomized controlled trial of *Mindfulness* meditation versus relaxation training: effects on distress, positive states of mind, rumination, and distraction. *Annals of Behavioral Medicine*, 33(1): 11-21.

JAMES, W. (1890). *The principles of psychology* (vol. 1). Cambridge, MA: Harvard University Press.

KABAT-ZINN, J. (1994). *Wherever You Go, There You Are: Mindfulness Meditation in Every Day Life*. New York: Hyperion (trad. it. *Dovunque tu vada ci sei già. Una guida alla meditazione*. Milão: TEA, 1997).

—————. (2003). *Mindfulness*-based interventions in context: past, present and future. *Clinical Psychology: Science and Practice*, 10: 144-156.

—————. (2004). *Full Catastrophe Living*. New York: Bantam/Random House (trad. it. *Vivere momento per momento*. Milão: TEA, 2010).

————————. (2005). *Coming To Our Senses: Healing Ourselves and the World Through Mindfulness*. Londres: Piatkus (trad. it. *Riprendere i sensi. Guarire se stessi e il mondo attraverso la cosapevolezza*. Milão: TEA, 2008 – 1. ed. Milão: Corbaccio, 2006).

KAVIANI, H.; JAVAHERI, F.; HATAMI, N. (2011). *Mindfulness--based* Cognitive Therapy (MBCT) Reduces Depression and Anxiety Induced by Real Stressful Setting in Non-Clinical Population. *International Journal of Psychology and Psychological Therapy*, 11(2): 285-296.

KEARNEY, D. J. et al. (2012). Association of participation in a *Mindfulness* program with measures of PTSD, depression and quality of life in a veteran sample. *Journal of Clinical Psychology*, 68(1): 101-16.

KERNIS, M. H. (2003). Toward a conceptualization of optimal self-esteem. *Psychological Inquiry*, 14: 1-26.

KIM, Y. W. et al. (2009). Effectiveness of *Mindfulness*-Based Cognitive Therapy as an Adjuvant to Pharmacotherapy in Patients with Panic Disorder or Generalized Anxiety Disorder. *Depression and anxiety, the official journal of ADAA*, 7: 601-606.

KJAER, T. W. et al. (2002). Increased dopamine tone during meditation induced change of consciousness. *Brain Research. Cognitive Brain Research*, 13(2): 255-9.

KOSZYCKI, D. et al. (2007). Randomized trial of a meditation--based stress reduction program and cognitive behavior therapy in generalized social anxiety disorder. *Behavior Research and Therapy*, 45: 2518-2526.

KRAUSE, N.; SHAW, B. A. (2000). Giving social support to others, socioeconomic status, and changes in self-esteem in late life. *Journals of Gerontology. Series B, Psychological Sciences and Social Sciences*, 55B: S323-S333.

KRAUSE, N. M.; HERZOG, A. R.; BAKER, E. (1992). Providing support to others and well-being in later life. *Journals of Gerontology*, 47: 300-311.

KRISTELLER, J. L. (2006). *Mindfulness*-based approaches to eating disorders. In: BAER, R. A. (Org.). *Mindfulness-based treatment approaches*. Burlington, MA: Academic Press: 75-91.

LAZAR, S. W. et al. (2005). Meditation experience is associated with increased cortical thickness. *Neuroreport*, 28, 16(17): 1893-7.

LEARY, M. R. et al. (2007). Self-compassion and reactions to unpleasant self-relevant events: The implications of treating oneself kindly. *Journal of Personality and Social Psychology*, 92: 887-904.

LINEHAN, M. M. (1993). *Cognitive-behavioral treatment of borderline personality disorder*. New York: Guilford Press.

LUTZ, A. et al. (2008). Attention regulation and monitoring in meditation. *Trends in Cognitive Sciences*, 12(4): 163-169.

MA, S. H., TEASDALE, J. D. (2004). *Mindfulness*-Based Cognitive Therapy for Depression: Replication and Exploration of Differential Relapse Prevention Effects. *Journal of Consulting and Clinical Psychology*, 72(1): 31-40.

MARTINI, C. M. *Qualcosa di così personale. Meditazioni sulla preghiera*. Milão: Mondadori, 2009.

MCBEE, L. *Mindfulness-based elder care: a CAM model for frail elders and their caregivers*. New York: Springer, 2008.

MCMILLAN, J. H.; SINGH, J.; SIMONETTA, L. G. (1994). The tyranny of self-oriented self-esteem. *Educational Horizons*, Sp: 141-145.

MELLO, Anthony de. *Sadhana: um caminho para Deus*. São Paulo: Paulinas, 1986.

MERTON, T. *A experiência interior*. São Paulo: Martins Fontes, 2007.

METCALFE, J.; MISCHEL, W. (1999). A hot/cool system analysis of delay of gratification: Dynamics of willpower. *Psychological Review*, 106: 1-17.

MILLAR, M. G.; MILLAR, K. U.; TESSER, A. (1988). The effects of helping and focus of attention on mood states. *Personality and Social Psychology Bulletin*, 14: 536-543.

MONTANO, A. *Mindfulness. Guida alla meditazione di consape-volezza. Una terapia per tutti.* Salerno: Ecomind, 2009.

MOORE, A.; MALINOWSKI, P. (2009) Meditation, *Mindfulness* and cognitive flexibility. *Consciousness and Cognition*, 18 (1): 176-186.

MUELLER, C. M.; DWECK, C. S. (1998). Praise for intelligence can undermine children's motivation and performance. *Journal of Personality and Social Psychology*, 75(1): 33-52.

NEFF, K. D. (2003a). The development and validation of a scale to measure self-compassion. *Self and Identity*, 2: 223-250.

_____. (2003b). Self-compassion: An alternative conceptualization of a healthy attitude toward oneself. *Self and Identity*, 2: 85-102.

_____. (2009). Self-compassion. In: LEARY, M. R.; HOYLE, R. H. (Org.). *Handbook of individual differences in social behavior.* New York: Guilford Press: 561-573.

_____. (2011). *Self-compassion. Stop beating yourself up and leave insecurity behind.* New York: HarperCollins.

_____; GERMER, C. K. (2013). A Pilot Study and Randomized Controlled Trial of the Mindful Self-Compassion Program. *Journal of Clinical Psychology*, 69(1): 28-44. DOI: 10.1002/jclp.21923. Epub 15 ottobre 2015.

_____; HSEIH, Y.; DEJITTHIRAT, K. (2005). Self-compassion, achievement goals, and coping with academic failure. *Self and Identity*, 4: 263-287.

_____; MCGEHEE, P. (2010). Self-compassion and psychological resilience among adolescents and young adults. *Self and Identity*, 9: 225-240.

_____; KIRKPATRICK, K.; RUDE, S. S. (2007). Self--compassion and adaptive psychological functioning. *Journal of Research in Personality*, 41: 139-154.

_____; PISITSUNGKAGARN, K.; HSEIH, Y. (2008). Self--compassion and self-construal in the United States, Thailand, and Taiwan. *Journal of Cross-Cultural Psychology*, 39: 267-285.

————————; RUDE, S. S.; KIRKPATRICK, K. (2007). An examination of self-compassion in relation to positive psychological functioning and personality traits. *Journal of Research in Personality*, 41: 908-916.

PENMAN, D.; WILLIAMS, M. (2016). *Metodo Mindfulness. 56 giorni alla felicità*. Milão: Mondadori.

PIFERI, R. L.; LAWLER, K. A. (2006). Social support and ambulatory blood pressure: An examination of both receiving and giving. *International Journal of Psychophysiology*, 62: 328-336.

REIS, H. T.; CLARK, M. S.; HOLMES, J. G. (2004). Perceived partner responsiveness as an organizing construct in the study of intimacy and closeness. In: MASHEK, D. J.; ARON, A. P. (Org.). *Handbook of Closeness and Intimacy*. Mahwah, NJ: Lawrence Erlbaum Associates Publishers: 201-225.

ROBERTS, J. E.; GAMBLE, S. A. (2001). Current mood-state and past depression as predictors of self-esteem and dysfunctional attitudes among adolescents. *Personality and Individual Differences*, 30: 1023-1037.

ROBINS, C. J. (2002). Zen principles and *Mindfulness* practice in Dialectical Behavior Therapy. *Cognitive and Behavior Practice*, 9: 50-57.

ROSSINI C. et al. (Org.) *Enciclopedia della preghiera*. Roma: Libreria Editrice Vaticana, 2007.

RUBIA, K. (2009). The neurobiology of meditation and its clinical effectiveness in psychiatric disorders. *Biological Psychology*, 82: 1-11.

RYAN, R. M.; DECI, E. L. (2000). Self-determination theory and the facilitation of intrinsic motivation, social development, and well-being. *American Psychologist*, 55: 68-78.

SACHSE, S.; KEVILLE, S.; FEIGENBAUM, J. (2011). A feasibility study of *Mindfulness*-based cognitive therapy for individuals with borderline personality disorder. *Psychology and Psychotherapy*, 84(2): 184-200.

SCHROEVERS, M. J.; BRANDSMA, R. (2010). Is learning *Mindfulness* associated with improved affect after *Mindfulness* based cognitive therapy? *British Journal of Psychology*, 101: 95-107.

SCHWARTZ, C. et al. (2003). Altruistic social interest behaviors are associated with better mental health. *Psychosomatic Medicine*, 65: 778-785.

SEGAL, Z. V.; WILLIAMS, J. M. G.; TEASDALE, J.D. (2013). *Mindfulness-Based Cognitive Therapy for Depression. Second Edition* (1. ed. 2002). New York: Guilford Press (trad. it. *Mindfulness. Al di là del pensiero, attraverso il pensiero*. Turim: Bollati Boringhieri, 2006).

SELIGMAN, M. E. P. (1995). *The optimistic child*. Boston: Houghton Mifflin.

SHAPIRO, S. L. et al. (2008). Cultivating *Mindfulness*: effects on well-being. *Clinical Psychology*, 64(7): 840-62.

————; SCHWARTZ, G. E.; BONNER G. (1998). Effects of *Mindfulness*-Based Stress Reduction on medical and premedical students. *Journal of Behavioral Medicine*, 21(6): 581-99.

SIEGEL, D. (2012). *The Developing Mind*. 2. ed. New York: Guilford Press (1. ed. 1999) (trad. it. *La mente relazionale*. Milão: Raffaello Cortina, 2013).

SIEGEL, R. (2012). *Qui e ora. Strategie quotidiane di mindfulness*. Trento: Erickson.

SOLBERG, E. E. et al. (2004). The effects of long meditation on plasma melatonin and blood serotonin. *Medical Science Monitor: International Medical Journal of Experimental and Clinical* Research, 10: CR96-CR101.

SPECA, M. et al. (2000). A randomized, wait-list controlled clinical trial: the effect of a *Mindfulness* Meditation-Based Stress Reduction program on mood and symptoms of stress in cancer outpatients. *Psychosomatic Medicine*, 62(5): 613-22.

SPITZER, M. (2012). *Digitale Demenz. Wie wir uns und unsere Kinder um den Verstand bringen.* Munique: Droemer Knaur (trad. it. *Demenza digitale. Come la nuova tecnologia ci rende stupidi.* Milão: Corbaccio, 2013).

—————. (2015). *Cyberkrank! Wie das digitalisierte Leben unsere Gesundheit ruiniert,* Munique: Droemer (trad. it. *Solitudine digitale. Disadattati, isolati, capaci solo di una vita virtuale?* Milão: Corbaccio, 2016).

STROEBE, W. (2000). *Health Psychology.* 2. ed. Buckingham, England: Open University Press.

SUINN, R. M. (2001). The Terrible Twos: Anger and Anxiety. *American Psychologist,* 56: 27-36.

SWANN, W. B. *Self-traps: the elusive quest for higher self-esteem.* New York: Freeman, 1996.

TAYLOR, J.; TURNER, R. J. (2001). A longitudinal study of the role and significance of mattering to others for depressive symptoms. *Journal of Health and Social Behavior,* 42: 310-325.

TENNEN, H.; HERZBERGER, S. (1987). Depression, self--esteem, and the absence of self-protective attributional biases. *Journal of Personality and Social Psychology,* 52: 72-80.

SANTA TERESA D'ÁVILA. *Obras completas.* São Paulo: Paulinas, 2017.

THOMPSON, B. L.; WALTZ, J. (2007). Everyday *Mindfulness* and *Mindfulness* meditation: Overlapping constructs or not? *Personality and Individual Differences,* 43: 1875-1885.

TICE, D. M.; BAUMEISTER, R. F. (1997). Longitudinal study of procrastination, performance, stress, and health: the Costs and Benefits of Dawdling. *Psychological Science,* 8: 454-458.

TORO, M. B.; SERAFINELLI, S. *Mindfulness Insieme. Coltivare la consapevolezza con se stessi, in coppia e sul lavoro.* Milão: Franco Angeli, 2015.

TREADWAY, M. T.; LAZAR, S. W. (2009). The Neurobiology of *Mindfulness. Clinical Handbook of Mindfulness*: 45-57.

VØLLESTADA, J.; SIVERTSENA, B.; HØSTMARK NIEL-SEN, G. (2011). *Mindfulness*-Based Stress Reduction for patients with anxiety disorders: Evaluation in a randomized controlled trial. *Behavior Research and Therapy*, 49: 281-288.

WALACH, H. et al. (2006). Measuring *Mindfulness*: the Freiburg *Mindfulness* Inventory (FMI). *Personality and Individual Differences*, 40(8): 1543-1555.

WALSH, R.; SHAPIRO, S. L. (2006). The Meeting of Meditative Disciplines and Western Psychology: a Mutually Enriching Dialogue. *American Psychologist*, 61(3): 227-239.

WARNECKE, E. et al. (2011). A randomized controlled trial of the effects of *Mindfulness* practice on medical student stress levels. *Medical Education*, 45(4): 381-8.

WEISSBECKER, I. et al. (2002). *Mindfulness*-Based Stress Reduction and Sense of Coherence among Women with Fibromyalgia. *Journal of Clinical Psychology in Medical Settings*, 9: 297-307.

WILLIAMS, K. A. et al. (2001). Evaluation of a Wellness-Based *Mindfulness* Stress Reduction intervention: A controlled trial. *American Journal of Health Promotion*, 15(6): 422-32.

YARNELL, L. M.; NEFF, K. D. (2013). Self-compassion, Interpersonal Conflict Resolutions, and Well-being. *Self and Identity*, 12: 146-159.

YOGEV, A.; RONEN, R. (1982). Cross-age tutoring: Effects on tutors' attributes. *Journal of Educational Research*, 75: 261-268.

Bibliografia mínima recomendada

Mindfulness

AMADEI, G. *Mindfulness. Essere consapevoli*. Bolonha: Il Mulino, 2013.

GOLDSTEIN, E. *Il momento è adesso: Il potere della mindfulness per una vita senza problemi*. Milão: Sperling; Kupfer, 2012.

KABAT-ZINN, J. *Riprendere i sensi*. Guarire se stessi e il mondo attraverso la consapevolezza. Milão: TEA, 2008.

——————. *Vivere momento per momento*. Milão: TEA, 2010.

MONTANO, A. *Mindfulness. Guida alla meditazione di consapevolezza. Una terapia per tutti*. Salerno: Ecomind, 2009.

PENMAN, D.; WILLIAMS, M. *Metodo Mindfulness. 56 giorni alla felicità*. Milão: Mondadori, 2016.

SIEGEL, R. *Qui e ora. Strategie quotidiane di mindfulness*. Trento: Erickson, 2012.

SNEL, E. *Calmo e attento come una ranocchia. Esercizi di mindfulness per bambini (e genitori)*. Milão: Red!, 2015.

TORO, M. B. *Crescere con la mindfulness. Guida per bambini (e adulti) sotto pressione*. Milão: Franco Angeli, 2016.

——————; SERAFINELLI, S. *Mindfulness Insieme. Coltivare la consapevolezza con se stessi, in coppia e sul lavoro*. Milão: Franco Angeli, 2015.

Mindfulness e autocompaixão

GERMER, C. K. *The Mindful Path to Self-Compassion. Freeing Yourself from Destructive Thoughts and Emotions*. New York: Guilford Press, 2009.

GILBERT, P. *Mindful Compassion: How the Science of Compassion Can Help You Understand Your Emotions, Live in the Present, and Connect Deeply with Others*. Oakland, CA: New Harbinger, 2014.

NEFF, K. *Self-compassion. Stop beating yourself up and leave insecurity behind*. New York: HarperCollins, 2011.

Clássicos da espiritualidade

ANÔNIMO. *La nube della non conoscenza*. Milão: Ancora, 1990.

ANÔNIMO. *Racconti di un pellegrino russo*. Roma: Città Nuova, 1997.

ECKHART, M. *I Sermoni*. Milão: Paoline, 2002.

Rua Dona Inácia Uchoa, 62
04110-020 – São Paulo – SP (Brasil)
Tel.: (11) 2125-3500
http://www.paulinas.com.br – editora@paulinas.com.br
Telemarketing e SAC: 0800-7010081